JOGOS DRAMÁTICOS

Dados Internacionais de Catalogação na Publicação (CIP)
(Câmara Brasileira do Livro, SP, Brasil)

Monteiro, Regina Forneaut
  Jogos dramáticos/ Regina Forneaut Monteiro. – São Paulo :
Ágora, 1994.

  Bibliografia
  ISBN 978-85-7183-472-9

  1. Ludoterapia 2. Psicodrama I. Título.

94-3040	CDD-616.8915 NLM-WM 430

Índice para catálogo sistemático:

1. Jogos: Psicodrama: Medicina   616.8915
2. Jogos dramáticos: Psicodrama: Medicina   616.8915
3. Ludoterapia: Psicodrama: Medicina   616.8915

Compre em lugar de fotocopiar.
Cada real que você dá por um livro recompensa seus autores
e os convida a produzir mais sobre o tema;
incentiva seus editores a encomendar, traduzir e publicar
outras obras sobre o assunto;
e paga aos livreiros por estocar e levar até você livros
para a sua informação e o seu entretenimento.
Cada real que você dá pela fotocópia não autorizada de um livro
financia o crime
e ajuda a matar a produção intelectual de seu país.

JOGOS DRAMÁTICOS

REGINA FOURNEAUT MONTEIRO

EDITORA
ÁGORA

JOGOS DRAMÁTICOS
Copyright © 1994 by Regina Fourneaut Monteiro
Direitos desta edição reservados por Summus Editorial

Ilustração de miolo e capa: **Isabel Alícia Peyceré Romaña**
Impressão: **Sumago Gráfica Editorial Ltda.**

Editora Ágora
Departamento editorial:
Rua Itapicuru, 613 – 7º andar
05006-000 – São Paulo – SP
Fone: (11) 3872-3322
Fax: (11) 3872-7476
http://www.editoraagora.com.br
e-mail: agora@editoraagora.com.br

Atendimento ao consumidor:
Summus Editorial
Fone: (11) 3865-9890

Vendas por atacado:
Fone: (11) 3873-8638
Fax: (11) 3873-7085
e-mail: vendas@summus.com.br

Impresso no Brasil

A
ISABEL e JOSÉ,
meus pais.

Sumário

Prólogo — Dalmiro M. Bustos 9
Apresentação à (minha) nova edição 13
Introdução 15

Capítulo I   O homem e o jogo 17

Capítulo II   O jogo no psicodrama 21

Capítulo III   Exemplos de tipos de jogos 35
1. Jogos de pesquisa de ritmo 35
2. Jogos de pesquisa de espaço 39
3. Jogos de aquecimento para favorecer o aparecimento do protagonista 43
4. Jogos para pesquisar e trabalhar a dinâmica grupal e favorecer o estreitamento dos laços entre os elementos do grupo 46
5. Jogos para favorecer o aparecimento ou o manejo de situações agressivas 51
6. Jogos de relaxamento 54
7. Jogos de sensibilização 55
8. Jogos de fantasia e imaginação 60

Capítulo IV   Alguns exemplos de jogos dramáticos em sessões de grupo de psicodrama 65

Capítulo V	O jogo dramático no psicodrama individual	. 73
Capítulo VI	O jogo dramático no psicodrama de casal	 77
Capítulo VII	O jogo dramático no psicodrama com psicóticos	79
Capítulo VIII	O jogo dramático no psicodrama com adolescentes	83
Capítulo IX	O jogo dramático no psicodrama infantil	 87
Capítulo X	O jogo dramático e as técnicas dramáticas aplicadas ao ensino	91
Capítulo XI	Vivência de jogos dramáticos no Primeiro Congresso Brasileiro de Psicodrama (Serra Negra, São Paulo — 1978)	97

O jogo da vida 103
Bibliografia 109

Prólogo

O jogo se insere na psicoterapia através do psicodrama, não só estruturado como técnica de aquecimento, mas também propiciando o aparecimento de uma atmosfera permissiva. O lúdico existe em um espaço terapêutico informal sem lugares fixos e onde a alegria é tão bem-vinda como todas as demais emoções. Moreno adorava o jogo porque nele se encontra a liberdade. Basta determinar-se uma regra, para que ela seja válida: aquele que chegar por último perdeu! Regra esta que poderá ser modificada um minuto depois: aquele que chegar por último, é o melhor! Tudo vale, sempre que estejamos de acordo, até o mais absurdo pode acontecer: a parede se derrete, o frio queima, a tartaruga corre, o rato fala! É esse mundo infantil que a formalidade, a seriedade e a lógica aristotélica nos fazem perder. Como pessoas sérias que somos, vamos ao "jogo da amarelinha"! Especialmente psiquiatras e psicólogos de aparência austera. Na última casinha do jogo está o céu, somente colocando a pedrinha no lugar correto e saltando sem tocar com os pés nas bordas e sem tropeçar poderemos ser os moradores do céu, triunfalmente, enquanto que o perdedor submerge nos ódios infernais! Somente uma pedrinha!

O jogo é assim, o triunfo sobre nosso tirânico Aristóteles. A contradição não só é possível, como é parte essencial do jogo. Toda a violência do mundo se realiza dentro de uma lógica que não existe no jogo. A agressão que nos rodeia e nos adoece chega a nós como uma estrutura frente à qual construímos defesas, como uma muralha protetora. Assim, o psicótico parece nos dizer: "Não quero compreender mais aqueles que falam no mesmo idioma que me deixou adoecer". Entretanto, não fecham suas portas aos homens, somente ao idioma.

Há alguns anos atrás, utilizei jogos dramáticos em um hospital psiquiátrico com um grupo de pacientes crônicos, deteriorados. Falávamos com eles e eles nos olhavam com olhos vazios. Logo começamos a jogar. Caminhamos juntos em campos floridos, bebemos em bares imaginários, nós mesmos representávamos as flores e o bar. Neste mundo nos compreendíamos e eles nos chamavam a atenção se não cumpríamos as regras. De início, quando chegamos, tínhamos medo e conhecimentos que nos defendiam do contato. Um clima de loucura estava presente nos assustando e afastando. Esse clima inundava toda a a sala. Sabíamos que não devíamos nos afastar dos doentes. Para lutar contra esse sentimento, idealizamos a loucura, da mesma forma como fez R. D. Laing. Somente o jogo propiciou uma aproximação entre nós; penetrar no mundo do vale-tudo, porque nada existe. Já não olhávamos mais com pena, ríamos juntos. Que encontro extraordinário se produz através do riso! É uma pena que em nossa vida seja tão difícil encontrar um lugar para o jogo. Estamos sempre preocupados em fazer coisas úteis. Não fazemos por fazer, onde o ato tem um fim por si mesmo. Não jogamos.

É claro que não é só com os psicóticos que se encontra um lugar positivo para o jogo. Há níveis de trabalho em um grupo terapêutico nos quais o jogo é indispensável, quando por exemplo trabalhamos com situações muito tensas, neste caso o jogo nos auxilia na criação de um campo relaxado mais propício ao trabalho. Em campo relaxado, podemos dizer coisas às vezes muito duras, mas que não ferem, enquanto que, em campo tenso, qualquer interpretação facilmente deixa feridas difíceis de cicatrizar.

Há alguns dias trabalhava em um grupo terapêutico, onde uma das pacientes ocupa uma posição sociométrica muito difícil. Não é querida e tampouco aceita pelos demais participantes do grupo. É a "contestadora". Somente participa pelo negativo. Suscita conflitos com seus colegas de trabalho idênticos ao que vive no grupo terapêutico. Na primeira cena montada para ser dramatizada, uma hora de folga do trabalho, ela se colocava de lado, embora com vontade de unir-se a seus colegas, mas sempre encontrando um motivo para não fazê-lo. Seus companheiros de grupo de terapia começam a sobreatuar em seus papéis, já que se superpõem duas situações idênticas. Nesta situação era difícil que a protagonista pudesse trabalhar. Penso que o jogo nos permitirá um melhor campo de trabalho. Digo-lhes que agora estão todos em um jardim-de-infância, jogando o que querem. Inventam jogos, se divertem, mas a protagonista não entra, fica de lado, desconfiada. Convidam-na e ela responde que não pode ir, pois sua irmã não quer que ela vá, que sua irmã não a deixa jogar com as outras crianças. Peço a alguém do grupo que fique no seu lugar e que ela faça o papel da irmã. Neste papel, começa a gritar dizendo que ela não deve se misturar com essas crianças, que elas vão enganá-la, vão se aproveitar dela, tirar suas coisas. Faço, neste momento, com que ela saia do papel da irmã e volte a seu próprio papel e todos expulsam a irmã do grupo. Depois começam a jogar agressivamente com as almofadas, rindo até descarregar as tensões. Daí passam a brincar de fazer "comida" e a protagonista cozinha para todos. Através do jogo inofensivo, surgiu o conflito (a atitude desconfiada e rejeitadora), o motivo (o medo de ser roubada de seus conteúdos) e o objeto interno que representava este aspecto (a irmã). Ela conseguiu depois disto "expulsar" este aspecto, modificar sua conduta e sua posição sociométrica no grupo.

Sempre me preocupa o aristotelismo de nossas condutas. Ao perder nossa capacidade lúdica, perdemos também nosso caminho em níveis humanos mais profundos, a essência existencial, a poesia.

Perdemos nossa maravilhosa loucura do vale-tudo. Perdemos contato com esse espírito que antes de julgar compreende, que antes de rotular apreende!

Se começarmos a pensar, vamos ver que nos daremos permissão de jogar a todo momento. Já pensaram no jogo de perguntar: "Oi! Como vai?" Se alguém não compreende as regras do jogo e nos responde realmente como vai, podemos cair desmaiados! Ou, se em lugar do jogo em que dizemos "prazer em conhecê-lo", dissermos o que realmente pensamos do outro! São pequeninos jogos, como diz Berne, que jogamos todo o tempo.

A pedagogia é outro campo que necessita muito do lúdico. Imaginem crianças correndo através da selva "sendo" o leito do rio Amazonas, ou erguendo-se como o Himalaia ou o Aconcágua, ou como uma flor que descobre as suas partes, ou um círculo que procura seu diâmetro! O jogo leva a criança a participar do processo de aprendizagem desde seu meio natural.

Desta forma quero lhes apresentar este livro que considero um verdadeiro manual de jogos. Regina Fourneaut Monteiro é uma excelente profissional e um maravilhoso ser humano, por isso se interessa em estimular o uso do jogo dramático. Neste livro ela os coleciona, classifica-os e no-los oferece para que os usemos em nossa prática profissional e talvez, apesar de Aristóteles, permitamo-nos introduzi-los em nossa própria vida. E através deste caminho reencontremos nossos sonhos, nossa poesia e com ela a verdadeira e única capacidade terapêutica indispensável: a compreensão.

Dalmiro Manuel Bustos

Apresentação à (minha) nova edição

Pessoal: Eu voltei!

Vocês se lembram de mim? Nasci em 1979, aqui em São Paulo. Pois é, já se vão 15 anos. Andei este tempo todo viajando por aí. Fui longe, me copiaram, recopiaram, "xerocaram", fui até a Suíça, Estados Unidos, Inglaterra, Espanha, Portugal, mas gosto mesmo é de passear pelo Brasil. Agora, voltei pra vocês. O bom filho à casa torna, né? Estou igual, sou o mesmo. Não mudei nada. Cresci, estou mais velho mas continuo a mesma criança brincalhona de sempre.

Vamos brincar juntos outra vez? Faço este convite a todos os que já me conheceram e aos amigos que faço agora.

Pedi pra Regina (Réo) fazer esta minha apresentação porque apesar de já estar debutando, não sei escrever, só jogar!

R. F. M.

Introdução

> ... *"O drama, devido a seu caráter intrinsecamente funcional e devido ao fato de constituir uma ação, continua permanentemente ligado ao jogo. A própria linguagem reflete este laço indissolúvel. Drama é chamado 'jogo' e interpretá-lo é 'jogar'"*.
>
> Johan Huizinga

A publicação deste trabalho surgiu da necessidade de transmitir a todos aqueles que trabalham com grupos humanos as experiências que venho desenvolvendo no decorrer de minha vida profissional, especialmente com jogos dramáticos em grupos de pacientes em psicodrama.

Tenho, neste livro, como principal objetivo, estimular a cada um para que, cada vez mais, se observe em seu desempenho frente ao paciente e desenvolva sempre uma atitude de crença no ser humano, em sua capacidade espontânea e criativa, possibilitando-lhe condições de trabalho através da ação, como também dar um incentivo para que outras experiências sejam escritas, com a finalidade de se formar um corpo informativo de maior consistência para auxiliar aos que se propõem a desenvolver uma investigação da psicologia e dos processos de ação dramática.

Muitos seriam os nomes das pessoas amigas que gostaria de mencionar e agradecer, cuja colaboração incentivou e enriqueceu esta publicação, porém a uma pessoa em especial quero deixar registrado o meu agradecimento:

Maria da Glória Castro Gonçalves.

R. F. M.

Capítulo I

O homem e o jogo

O homem sempre teve como tendência básica a necessidade de compreender o Universo. Neste seu anseio de curiosidade, desde sempre tentou usar a ação, a imitação e a representação, como meio de expressão, procurando, assim, influenciar a natureza para viver melhor. Esta necessidade imperiosa de movimento-ação se manifesta, desde o aparecimento da sociedade humana e sua conseqüente cultura, através de uma atividade livre, alegre e divertida: o jogo! Em sua essência, o jogo encerra um sentido maior do que a simples manifestação de uma necessidade: encerra uma significação. "No jogo existe alguma coisa 'em jogo' que transcende as necessidades imediatas da vida e confere um sentido à ação."[1]

A criança com seus jogos e brincadeiras, nos faz ver que dentre todas as atividades de comer, beber, dormir, imprescindíveis para o seu organismo, sobressai a atividade lúdica. Pois o que ela quer é jogar, desempenhar, criar uma realidade própria no seu mundo do "como se". Podemos notar a alegria que as crianças sentem quando jogam: surge um prazer natural, espontâneo que reforça a motivação para o jogo.

Se observarmos o comportamento das crianças durante seus jogos, ele nos confirmará a impressão de que elas têm uma crença absoluta na realidade do que escolhem para brincar. O jogo lhes permite ir a um mundo não real, ao mundo da imaginação. Assim é que, por exemplo,

---

1. Huizinga, Johan. *Homo Ludens*. São Paulo, Perspectiva, 1971, p. 4.

uma caixinha de fósforos é um caminhão, uma boneca é um ser humano. Entretanto, se questionamos a criança que joga com seu "caminhão", ela saberá nos dizer que está num "faz-de-conta" e que aquilo é, na realidade, uma caixa de fósforos.

Em suas brincadeiras de "faz-de-conta", a criança alcança um pleno domínio da situação, vivendo e convivendo com a fantasia e a realidade, capaz de passar de uma a outra, criando, assim, a possibilidade de elaboração de seus anseios e fantasias. Este fascinante domínio de passagem de uma para outra situação, com convicção total, através de respostas rápidas a situações novas ou respostas novas a situações já conhecidas, é assegurado à criança por algo mais do que a razão ou o instinto: a *espontaneidade*. A essência do jogo reside nesta capacidade de espontaneidade, que faz surgir no jogo o sentido de liberdade e permite ao homem "viajar" ao mundo da imaginação e, através dele, recriar, descobrir novas formas de atuação. É importante, pois, que o indivíduo queira jogar e esteja disponível para o jogo, para que não se perca toda a sua seriedade, o seu valor espontâneo e criativo. Porque é em tal fato que reside sua liberdade.

Se tomarmos o jogo em um sentido amplo, podemos defini-lo como um divertimento, uma recreação, uma brincadeira, um passatempo sujeito a certas regras, existindo dentro dos limites do tempo e do espaço. Todo jogo tem um início, um desenvolvimento e um fim e se realiza em um campo previamente delimitado, exigindo, pois, no seu decorrer, uma ordem absoluta e plena para sua realização.

Constatamos, assim, na própria definição de jogo, a íntima relação entre o jogo, a liberdade e a ordem.

"O jogo é o movimento da liberdade. Ele dá o limite da liberdade e o que a ameaça."[2]

No entanto, as constantes mudanças na sociedade e na cultura, no decorrer do tempo, criaram padrões de se avaliar o aproveitamento do homem no mundo, através de uma falsa idéia de ordem e de aparente liberdade, contidas nas conservas culturais. Esse sistema de valorização do homem e de sua capacidade criativa, converteu sua possibilidade de ação em algo no qual falta seriedade e ordem.

É assim que o jogo, depois de criado, se insere na cultura, tornando-se também uma conserva cultural, aparecendo-nos como um produto terminado, uma forma permanente, abolindo no homem sua sede primitiva de recriar na magia do "como se", planos diferentes de atuação.

É freqüente observarmos, hoje, que toda a capacidade de criatividade e espontaneidade, apresentada nos jogos de "faz-de-conta" das crianças está tolhida no adulto. Em seu lugar encontramos, muitas vezes, respostas prontas, estereotipadas, atitudes cristalizadas em relação a determinadas situações novas ou situações já conhecidas para o indivíduo.

O jogo permite, pois, ao homem, reencontrar sua liberdade, através não só de respostas, mas também na procura de formas novas para os desafios da vida, liberando sua espontaneidade criativa. O jogo nos devolve, na sua intensidade, uma fascinante energia que nos possibilita ir e vir, trocar e transformar, promovendo a descoberta, o encontro do homem consigo mesmo, com os outros e com o Universo!

No jogo se luta, se representa, se imagina ou se sensibiliza para alguma coisa. É neste sentido que o jogo enfeita a vida, ornamenta-a e se

---

2. Bally, Gustav. *El juego como expresión de libertad*. Buenos Aires, Fondo de Cultura Económica, 2ª edição, 1964, p. 10.

constitui em uma necessidade para o homem, ao lhe dar uma consciência de ser diferente da "vida cotidiana", de compreender e influenciar o mundo em que vive. Este é também o sentido em que utilizamos o jogo no psicodrama e é o critério que aqui usamos para colecionar os jogos e classificá-los.

Se nos reportarmos às origens primeiras do psicodrama, vamos encontrar nas experiências pessoais de seu criador, J. L. Moreno, a confirmação de que o psicodrama nasceu da necessidade humana de exploração do Universo. O psicodrama teria nascido, originalmente, de uma fidelidade de seu criador ao papel de Deus.

Somos, pois, levados a dizer que o psicodrama nasceu do jogo! E que o mandamento, é, pois: *jogar!*

Capítulo II

O jogo no psicodrama

O jogo se insere no psicodrama como uma atividade que propicia ao indivíduo expressar livremente as criações do seu mundo interno, realizando-as na forma de representação de um papel, pela produção mental de uma fantasia ou por uma determinada atividade corporal. O jogo no psicodrama surge da necessidade de uma terapia em um baixo nível de tensão, em uma situação preservada, onde o indivíduo não está trabalhando diretamente o seu conflito. pelo fato de o indivíduo estar simplesmente jogando, já se elimina a possibilidade de ser para ele uma situação angustiante ou ansiógena, pois o jogo cria uma atmosfera permissiva que dá condições ao aparecimento de uma situação espontânea e criativa no indivíduo, proporcionando-lhe a possibilidade de substituir respostas prontas, estereotipadas, por respostas novas, diferentes e livres de uma conserva cultural trazida no decorrer do tempo, pelas mais diversas situações em que é restringida a sua capacidade criativa. O jogo permite, pois, que o indivíduo descubra novas formas de lidar com uma situação que poderá ser semelhante a outras situações de sua vida.

É com a proposta de que o indivíduo veja novas formas alternativas de conduta, e não uma única resposta para dada situação, que o jogo dramático se dispõe, portanto, a trabalhar com o indivíduo com a finalidade de levá-lo a alcançar um campo relaxado de conduta.

Entendemos por "conduta em campo relaxado" aquela que surge no indivíduo, norteando-se em primeiro lugar por uma tomada de distância do objetivo a ser atingido e seguindo-se uma cuidadosa análise das possíveis respostas alternativas àquela situação. No campo relaxado, crescem as possibilidades de relações que permitem ao indivíduo alcançar uma meta. Já no campo tenso, toda a conduta do indivíduo se encontra fortemente marcada por uma concentração unicamente dirigida à meta, o que impossibilita as ampliações de relações para a sua adaptação.

Para nos auxiliar nesta explicação, tomamos como ilustração o exemplo de um experimento de Wolfgang Köhler, realizado em 1921 e

citado em *El juego como expresión de libertad* de Bally[3], que coloca o jogo como denominador comum aos modos de conduta do homem e do animal: um macaco foi colocado em uma jaula. Fora desta e a uma certa distância, foi colocada uma banana. Dentro da jaula foram colocadas algumas varetas que, encaixadas uma a uma, permitiam ao macaco alcançar a banana.Observou-se que o macaco, primeiramente, pega as varetas, tenta alcançar o alimento várias vezes e não consegue (encontra-se em campo tenso de conduta). Depois, já desiludido de alcançar o alimento, começa a jogar com as varetas e, no jogo, descobre formas de encaixar uma na outra. Aí, lembra-se da banana, alcança-a (agora está em campo relaxado de conduta) e depois continua a jogar com as varetas para alcançar outras coisas que se encontravam fora da jaula, coisas para ele sem importância: a partir deste momento, o jogo é o que o atrai!

É como se o campo se iluminasse. E, à medida que se ilumina, o animal vê o que está acontecendo, com uma visão de conjunto. É preciso ressaltar que o distanciamento da meta, do objetivo a ser atingido, foi conseguido quando o animal jogava com as varetas, o que lhe possibilitou encontrar novas formas de atuação.

Como no psicodrama, o jogo necessita também de uma sistematização em suas etapas de desenvolvimento. Estas, por sua vez, acompanham as etapas da própria ação dramática, com os mesmos contextos e instrumentos que esta possui.

Como no psicodrama, os jogos dramáticos levam em conta:

— Três contextos:
- social
- grupal
- dramático

— Cinco instrumentos:
- diretor
- ego-auxiliar
- auditório
- cenário
- participantes do grupo

— Três etapas:
- aquecimento
- dramatização
- comentários

---

3. Bally, Gustav. *op. cit.*, p. 24.

Contextos

Contexto social: o contexto social engloba o mundo em que vivemos, como por exemplo: a escola, a família, o trabalho. Possui regras e padrões próprios, segundo os quais norteamos a nossa conduta. É neste contexto que vamos encontrar o jogo em um sentido amplo, puramente lúdico, e trazê-lo para o psicodrama.

Contexto grupal: o contexto grupal é formado por todo o grupo, com todos os seus integrantes: pacientes e terapeutas.

Contexto dramático: o contexto dramático é o cenário, o campo do jogo. É o local onde este ocorre. É neste contexto que o participante do grupo assume e encara o papel determinado pelo jogo, na circunstância do "como se". Quanto ao local, do ponto de vista do contexto dramático, surgem alguns problemas: tamanho da área disponível, disposição e número de participantes, problemas que poderão ser resolvidos com a redução ou ampliação da área disponível, havendo a redistribuição dos participantes em função da própria área, com a redução do número de participantes, se for o caso, o que deverá ser combinado inicialmente com todo o grupo.

Instrumentos

Diretor: o diretor é o terapeuta e, de um modo geral, o responsável pelo grupo. Terá como funções: dirigir o grupo quanto à escolha do jogo; motivar seus membros à participação, adaptar o jogo às características do grupo, através do conhecimento da sua história; sugerir um determinado jogo que seja mais enriquecedor dos papéis dos membros do grupo; manter o desenvolvimento e as fases do jogo, sem que ocorra o seu desvirtuamento.

Ego-auxiliar: o ego-auxiliar terá como função desempenhar um papel requerido pelo jogo ou permanecer como parte integrante do auditório, observando e registrando dados sobre a atuação dos participantes no jogo.

Auditório: nos jogos dramáticos o auditório existe quando, por questão de espaço, o grupo for dividido em subgrupos que jogam alternadamente; serão considerados auditório aqueles que no momento estão fora do jogo e, portanto, no contexto grupal, incluindo-se aí o diretor. O auditório, assistindo ao jogo, terá como função observar a atuação dos jogadores em seus papéis e, eventualmente, no final, enriquecer com comentários do que observaram.

Cenário: o cenário é o contexto dramático.

Participantes do grupo: é todo o contexto grupal: pacientes e terapeutas.

Etapas

Aquecimento: o aquecimento seria a preparação do indivíduo, para

- que ele se encontre em condições de jogo. Consideramos duas fases de aquecimento:

   O aquecimento inespecífico — no jogo dramático, o aquecimento inespecífico corresponde ao primeiro momento em que o diretor, em contato com o grupo, se propõe a realizar uma tarefa conjunta: a escolha do jogo e o estabelecimento das regras, isto é,
- a delimitação do campo no qual o jogo irá se desenvolver, a duração e o papel que cada participante do grupo irá jogar.

   O aquecimento específico — o aquecimento específico já deve

ocorrer no contexto dramático. Seria, mais especificamente, a "construção" do papel, para que ocorra maior facilidade no seu desempenho.

Dramatização: a dramatização é o jogo, propriamente dito, em realização. É o ponto principal para o qual caminhamos até agora. É quando podemos observar a atuação e evolução dos participantes, o grau de espontaneidade e criatividade dado ao papel, bem como o grau de participação de cada um.

Comentários: esta é a etapa final. Aí, os participantes, fora do contexto dramático e, portanto, já não mais no papel de jogadores, comentam, no contexto grupal, junto com o diretor e ego-auxiliar, tudo o que observaram e sentiram. É a "leitura", por parte de todos, do que foi expresso dramaticamente, podendo-se complementar com considerações mais amplas no campo terapêutico como: significado do papel escolhido e como o desempenhou; grau de participação, de criatividade, de espontaneidade, bem como características de sua tipologia que também tenham aparecido no jogo. Os terapeutas poderão comentar, também, os aspectos catárticos de integração, se estes ocorreram durante o jogo. Essa "leitura" ou "compreensão terapêutica" é muito importante, pois dá o sentido terapêutico à aplicação do jogo, uma vez que as cenas dramáticas apresentadas no seu decorrer poderão ser um "modelo" de outras situações, ou de uma situação originária e, portanto, portadoras dos mesmos conflitos que esta possui, permitindo enfrentar as tarefas comuns da vida e resolvê-las de forma mais eficaz, mais sadia e mais construtiva.

A preparação da sala para o jogo

Para trabalhar com jogos dramáticos, além de música, luzes coloridas, almofadas e bancos, utilizamos ainda alguns objetos tais como lenços coloridos, lousa, giz, lápis de cor, papel, cordas e alguns pequenos objetos de formas e texturas diferentes como por exemplo: correntes, isqueiro, vidros, lixa, pedaços de isopor e bola.

Através do intercâmbio constante entre fantasia e realidade, permitido pela ação dramática do jogo, temos a liberação dos conflitos internos do indivíduo. O jogo aparece, pois, como possibilidade de liberar a ação de uma substituição do objeto originário, de distribuição de sentimentos em múltiplos objetos e de uma identificação projetiva, oferecendo, assim, a possibilidade de elaboração.[4]

Ao surgirem as brincadeiras do "faz-de-conta", quando a criança joga o papel do outro, sendo outras pessoas, animais e objetos, temos o início do processo de inversão de papéis, que caracterizará, no indivíduo adulto, a possibilidade de uma comunicação sadia. Tomando como referência o esquema de papéis,[5] observamos que o jogo no psicodrama auxilia o desenvolvimento de papéis, à medida que oferece ao indivíduo condições de expressar, de forma lúdica e através da ação, as criações de seu mundo interno. J. S. Fonseca Fº.[6] refere-se à alteração na capacidade de inverter papéis, como um indício de "doença"... "coloco a inversão de papéis-experienciação do outro como um método de avaliação da personalidade".

O jogo é pois, um instrumento de trabalho útil e pode ser aplicado no diagnóstico, no início de grupos de psicodrama para introdução dos indivíduos à linguagem dramática de uma forma menos brusca, ou em grupos já existentes há mais tempo, propiciando a criação de vínculos que não se estabelecem em sessões habituais. Também pode ser aplicado no psicodrama, em todas as suas modalidades: psicodrama de crianças, de adolescentes, de adultos, de casal, psicodrama familiar, psicodrama pedagógico, com psicóticos, sociodrama, *role-playing*, etc.

---

4. Aberastury, Arminda. *A criança e seus jogos*. Petrópolis, Vozes, 1972.
5. Bermúdez, Jaime G. Rojas. *Introdução ao Psicodrama*. Mestre Jou, 1970, p. 89.
6. Fonseca Fº, J. S. *Psicodrama da Loucura — correlações entre Buber e Moreno*. São Paulo, Ágora, 1980.

Em se tratando de psicodrama com grupos de adultos podemos aplicar o jogo dramático em várias situações:
— Em início de grupo de psicodrama
— Como aquecimento em uma sessão de psicodrama
— Como aquecimento para futura sessão de psicodrama
— Depois de uma sessão de psicodrama
— Para se trabalhar uma sessão específica grupal.

O jogo em início de grupo de psicodrama

O jogo em início de grupo de psicodrama tem a finalidade de criar vínculos. Através do jogo propiciamos às pessoas — nos seus primeiros contatos — possibilidades de se encontrarem, de se conhecerem e de virem a se descobrir aos poucos, sem necessidade de abordar os conflitos maiores que as levaram a buscar uma terapia.

O jogo como aquecimento em uma
sessão de psicodrama

O jogo como aquecimento em uma sessão de psicodrama tem o objetivo de levantar material teapêutico, fantasias ou lembranças que poderão vir a constituir o tema da sessão.

O jogo como aquecimento para futura
sessão de psicodrama

O jogo como aquecimento para futura sessão de psicodrama pode ser utilizado quando, por exemplo, temos um grupo extremamente verbal, intelectual. Foi o caso de um trabalho feito em um grupo pequeno, de sete participantes, altamente intelectualizado, que apresentava muita dificuldade em trazer material. Então se propôs fazer a sessão de psicodrama em duas partes, com uma média de três horas de duração. A primeira parte da sessão, de aproximadamente uma hora e meia, constituía-se única e exclusivamente de jogo dramático; a segunda parte, de ação psicodramática em que muitas vezes se trabalhava sobre os temas que haviam aparecido na primeira fase da sessão.

O jogo depois de uma sessão de psicodrama

O jogo depois de uma sessão de psicodrama tem o objetivo de relaxamento do campo para o grupo, quando ocorre, por exemplo, em sessão anterior, situação de grande envolvimento emocional e o grupo está, por isso, com muitas dificuldades em trazer temas como material para o trabalho terapêutico. Neste caso, o grupo está apresentando um comportamento fóbico e o jogo entra como facilitador, para que o grupo traga material para ser trabalhado mais diretamente.

O jogo para se trabalhar uma situação
específica grupal

O jogo para se trabalhar uma situação específica grupal surge quando os participantes do grupo vêm trazendo material que o terapeuta perceba ter uma ligação muito direta e muito clara com a dinâmica específica do grupo naquele momento. Aí o terapeuta pode lançar mão do jogo dramático para trabalhar os conflitos ou dificuldades daquela situação, naquele momento, em um campo mais relaxado, em uma situação mais preservada

Quanto à escolha do jogo em uma sessão
de psicodrama

Dentro do processo terapêutico, podemos, pois, lançar mão do jogo dramático como recurso muito útil, desde que se tenha em conta a sua adequação ao grupo, à situação e aos momentos que estão sendo vividos.

A idéia preconcebida de se fazer um jogo determinado, quando estamos com nossos pacientes, reduz em muito as possibilidades de êxito no manejo da situação, pois, pode acontecer que a dinâmica do processo terapêutico seja completamente outra naquele momento. Daí o risco ao se afirmar que determinado jogo é para ser aplicado em uma situação específica. É necessário que o jogo, em si, surja da criação do momento, pois assim ele será um continente para o grupo que traz determinado conteúdo. Para isso, o terapeuta precisa estar livre e solto para colocar o jogo que seja mais adequado à situação que está sendo trazida. Torna-se difícil, deste modo, um critério mais exato para a classificação dos jogos. É apenas com a finalidade de tornar mais didática a exposição, que será tomado aqui, como critério, a capacidade a ser desenvolvida ou o objetivo a ser atingido, cabendo, em última análise, aos terapeutas e ao próprio grupo, discernir o momento que julgam mais conveniente e enriquecedor à sua utilização.

PERDER OU GANHAR

SABOREAR A AVENTURA
PERDER E GANHAR!

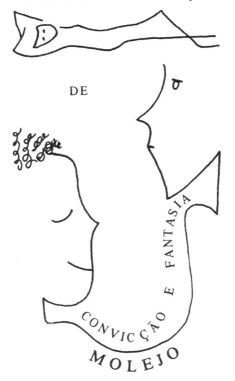

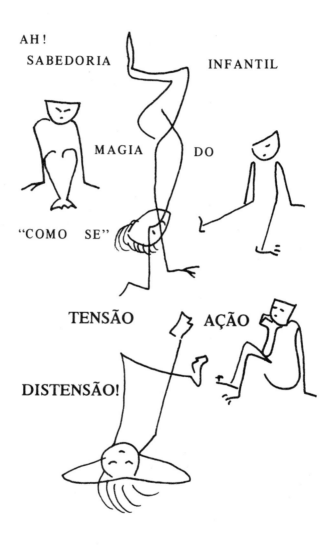

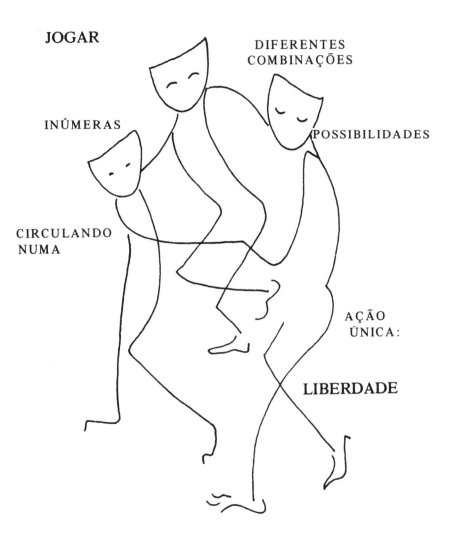

Capítulo III

Exemplos de tipos de jogos

1. JOGOS DE PESQUISA DE RITMO

Os movimentos humanos não somente produzem, mas geram ritmos e constituem o meio indispensável para o desenvolvimento do instinto rítmico.

Durante todo o tempo, em qualquer lugar que possamos estar, temos o ritmo à nossa disposição, no nosso interior. As batidas do coração e o ritmo respiratório nos acompanham sempre e são, portanto, o ponto de partida para o desenvolvimento de técnicas humanas expressivas como, por exemplo, a ioga e determinados tipos de ginástica.

Acontece que, freqüentemente, o ritmo natural da criança é inibido pelo adulto. Quantas vezes não se obriga uma criança a andar ou bater palmas ao som de uma música?!

A diferença que não se faz entre um ritmo mecânico e um ritmo espontâneo deve-se, muitas vezes, a este fato corriqueiro. Quando colocamos, por exemplo, uma criança para acompanhar uma música, batendo palmas, estamos fazendo com que ela adapte o seu movimento a um ritmo mecânico que está sendo dado pela música, impedindo-a de produzir um movimento adequado ao seu ritmo interno, expressão daquilo que esteja sentindo no momento.

Os jogos de ritmo propiciam ao indivíduo descobrir o seu ritmo interior, natural, e desenvolvem a sua capacidade criadora sobre eles.

"Correspondência de ritmo"

O grupo deve colocar-se deitado de costas, no chão, em uma posição bem agradável e confortável.

A seguir, pede-se aos indivíduos que relaxem o máximo possível, prestando atenção em seu corpo, deixando-o ficar bem solto e sentindo-o leve e largado.

A partir desse momento, os indivíduos se atêm a seu ritmo respiratório como está a respiração naquele momento: sentir o ar entrando e saindo dos pulmões, percebendo assim o ritmo da respiração.

Depois, pede-se aos indivíduos que prestem atenção ao seu batimento cardíaco — como o seu coração está batendo, qual é o seu compasso.

Depois de percebido e bem conscientizado esse ritmo, pede-se ao indivíduo que o externe, fazendo-o escolher uma parte do corpo (pé, perna, mão, cabeça) que esteja mais aquecida, para se movimentar naquele momento, expressando assim o seu movimento, para que se possa mostrar a quem olha de fora como é que seria o seu tipo de ritmo interno: se mais lento, se mais rápido, médio, etc.

A partir daí, o grupo pode continuar trabalhando com movimentos livres, todos juntos, em duplas, em trio ou mesmo individualmente.

Neste exemplo, o jogo inicial em busca do próprio ritmo natural do indivíduo serve como aquecimento para introduzir-se depois outro jogo ou deixar surgir um novo, criado pelos próprios participantes do grupo, sobre a movimentação inicial, conforme o desenrolar dos acontecimentos.

— Os indivíduos, além de fazerem com o próprio corpo os movimentos que correspondam e expressem aquele ritmo interno, podem, também, cada um, ou o grupo inteiro, fazer um desenho seu ou um desenho comum daquele ritmo, no papel ou no quadro-negro.

— Os participantes podem, ainda, por exemplo, agrupar-se conforme a semelhança dos ritmos, fazendo-se notar que as pessoas têm ritmos diferentes e que, com isso, a participação no grupo será também influenciada pelo ritmo interno de cada um.

Cruza-cruza

Solicita-se às pessoas que andem, de acordo com o próprio ritmo, como estão se sentindo naquele momento.

Nós delimitamos o contexto, isto é, um espaço na sala, que pode ser um quadrado.

Coloca-se inicialmente uma pessoa em uma das extremidades e ela deve atravessar todo este espaço, andando de frente e voltando de costas (dando marcha à-ré) no seu próprio ritmo. Depois, acrescenta-se uma outra pessoa, na outra ponta deste quadrado, cada uma andando no seu ritmo; vê-se daí qual é o momento em que elas se cruzam.

Depois, além dessas duas pessoas andando (indo e voltando), coloca-se uma terceira que cruzará no meio dessas duas. A seguir, uma quarta pessoa, na outra ponta, cruzando no meio das duas primeiras, sempre indo de frente e voltando de costas.

Aí começa-se a perceber, muitas vezes, que existe necessidade de uma ou mais pessoas se adaptarem ao ritmo da outra, andando um pouco mais depressa ou um pouco mais devagar, evitando choques nos cruzamentos. Vai-se, assim, introduzindo mais e mais pessoas, sempre se cruzando, até ver que número de choques ocorrem, principalmente no centro, e que modificações de ritmo se fazem necessárias para evitá-los.

"A orquestra"

À medida que o indivíduo percebe seu ritmo interno respiratório, ele pode, em vez de expressar-se por uma parte do corpo, eleger um som que exprima aquele ritmo que ele está sentindo. O som pode ser expresso oralmente ou não: pode ser uma vogal que ele fale, pode ser um assobio, um bater de palmas ou de pés, ou mesmo bater em algum outro objeto.

E deste modo quase que formar uma orquestra com todo o grupo.

"Expressão livre do ritmo"

Pede-se a uma pessoa que represente com o seu corpo qualquer

música que a agrade de forma expressiva e rítmica ou que acompanhe com seu corpo qualquer som.

Coloca-se, por exemplo, uma música e o indivíduo expressa com o próprio corpo aquela música, dentro do seu ritmo. Ou, dado o estímulo de um som, fazer com que o indivíduo se expresse corporalmente, com o seu ritmo, acompanhando aquele som.

Deste modo, o indivíduo vai acompanhar a música com o seu próprio ritmo e não tendo de entrar no ritmo da música ou do som.

2. JOGOS DE PESQUISA DE ESPAÇO

A expressão corporal, a dança, a ginástica, realizam-se em um tempo e em um espaço. Alguns elementos especiais, tais como os conceitos de espaço total e espaço parcial serão muito úteis ao enriquecimento dos jogos dramáticos relacionados a este tema e se constituirão nos próprios jogos iniciais de pesquisa de espaço.

O *espaço total* é o desenho espacial que surge quando uma ou mais pessoas caminham, movimentam-se em linha reta, em curva ou em suas combinações. Por exemplo: quando se pede às pessoas que andem pelo contexto dramático, uma a uma ou o grupo todo, e explorem como quiserem todo o espaço disponível (vide figura 1).

Por outro lado, temos o *espaço parcial* que é o espaço que o indivíduo ocupa, qualquer que seja a posição em que ele se encontre no momento, quer seja sentado, de pé ou deitado (vide figura 2).

A seguir, vejamos alguns jogos em que procuramos combinar tais elementos.

FIGURA 1 — ESPAÇO TOTAL

andar em círculo

em grupo

individualmente

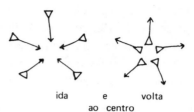

ida e volta ao centro

em círculos concêntricos

em oito

em linhas

retas

paralelas

zig-zag

FIGURA 2 — ESPAÇO PARCIAL

sentado

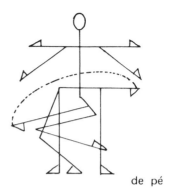

de pé

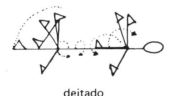

deitado

"Contração-expansão"

O indivíduo sentado, deitado, de pé, ou de cócoras, tenta ver todo o espaço que ele pode ocupar e utilizar. Movimentando os braços, as mãos, as pernas, a cabeça, o indivíduo explora o menor e maior espaço. Fazemos com que ele se encolha o máximo possível e procure uma posição em que ocupe o menor espaço até passar para aquela em que ele vai se expandindo, alargando o seu corpo e ocupando o máximo de espaço possível, passando imediatamente de uma postura para a outra.

Depois, pode-se comentar a posição em que ele se sentiu melhor: se naquela em que ocupava o menor espaço possível de contração corporal ou se naquela em que se esparramava pelo chão e ocupava o

maior espaço, possibilitando-se, inclusive, o trabalho com as lembranças que foram se passando dentro do indivíduo, enquanto ele fazia o jogo.

"Sombras"

    Os indivíduos de pé, de frente para a parede, terão sua sombra projetada na mesma e, ao movimentarem todo o corpo, irão experimentando todas as posturas que possam adotar, explorando assim todo o espaço que os circunda (espaço parcial), ao mesmo tempo que estarão acompanhando os movimentos pela projeção de sua própria sombra na parede.

    Depois de realizada esta primeira parte do jogo, os participantes deverão virar de costas para a parede e, olhando para o centro da sala, calcular quantos passos teriam de dar para alcançar o centro, saindo cada um de seu lugar (pesquisa de espaço total).

    Em seguida, fecham os olhos e lentamente executam o trajeto e voltam de costas para o lugar de onde saíram.

    Este jogo poderá ser enriquecido da seguinte forma: quando os participantes alcançarem o centro, fazer com que se aproximem a ponto de se tocarem com o próprio corpo. Aí um jogo de sensibilização poderá ser introduzido, antes que cada um volte ao seu lugar inicial.

É importante ressaltar que todos os jogos que necessitam de uma técnica corporal auxiliar, tanto os jogos de pesquisa de ritmo, jogos de pesquisa de espaço, quanto os jogos de relaxamento e sensibilização, deveriam começar com o indivíduo no chão, partindo da respiração e buscando como referencial o próprio corpo. Podemos dizer que este é o trabalho introdutório, de preparação e de aquecimento, para que depois se comece criar alguma coisa.

3. JOGOS DE AQUECIMENTO PARA FAVORECER O APARECIMENTO DO PROTAGONISTA

Uma das indicações do jogo no psicodrama, como já foi mencionado, é a de aquecimento em uma sessão, com a finalidade de propiciar o aparecimento do protagonista. O aquecimento é a primeira etapa da sessão de psicodrama, quando os participantes do grupo (terapeutas e pacientes) entram em contato, com o fim de realizar uma tarefa em conjunto. Neste momento, então, uma série de procedimentos podem ser realizados, com o objetivo de aliviar as tensões e favorecer o aparecimento do protagonista, isto é, o elemento do grupo em torno do qual se centralizarão as atenções.

Ao surgir o protagonista, a seqüência de etapas do jogo é interrompida para ceder lugar à sessão de psicodrama propriamente dita. Isto é feito pedindo-se aos participantes do grupo que voltem a seus lugares no contexto grupal, ficando o protagonista com todo o cenário à sua disposição, para dar início à dramatização de seus conflitos.

Alguns jogos poderão ser utilizados com esta finalidade, tais como:

"Em busca de uma dor"

Os participantes do grupo, sentados no chão, em círculo, fecham os olhos buscando dentro de si mesmos um "conflito", um "problema", uma "dor" e só os abrem quando tiverem encontrado seus sentimentos e queiram compartilhá-los com os companheiros.

O grupo escolhe, em seguida, dentre os temas trazidos, aqueles que no momento mais gostaria de tratar.

"Pensando alto"

Cada um dos participantes, observado pelo grupo, caminha em

círculo, pensando alto o que espera da sessão naquele dia, o que gostaria de tratar de si mesmo.

A escolha é feita no fim, por todo o grupo.

"À procura de uma emoção"

O grupo todo está em círculo, de mãos dadas, olhos fechados. Cada um dos participantes deve trazer um sentimento, uma emoção que lhe está ocorrendo no momento.

O jogo é interrompido no momento em que um participante demonstre estar envolvido emocionalmente e deseje — de comum acordo com o grupo — ser o protagonista da sessão.

"A mímica de uma emoção"

O grupo todo está sentado no chão, em círculo.

Cada participante, um por vez, levanta-se e, usando "mímica", transmite o seu estado de ânimo naquele momento, para todo o grupo.

O jogo é interrompido quando um dos participantes se apresentar mais envolvido emocionalmente. Terá surgido o protagonista da sessão.

"Associação livre"

     O grupo todo está em círculo, com os participantes sentados no chão.

     Cada um por sua vez diz uma palavra qualquer, a primeira que lhe ocorrer. O seguinte, a seu lado, diz outra e assim por diante, cada vez mais rapidamente.

     O jogo é interrompido no momento em que um participante peça, por se sentir impelido a falar, ou no momento em que o grupo todo achar mais conveniente a sua interrupção.

     Esse jogo, com base na associação livre de idéias, tem a finalidade de levantar lembranças que possam ser trabalhadas na sessão.

4. JOGOS PARA PESQUISAR E TRABALHAR A DINÂMICA GRUPAL E FAVORECER O ESTREITAMENTO DOS LAÇOS ENTRE OS ELEMENTOS DO GRUPO

De uma maneira geral, os jogos favorecem ou propiciam aos participantes de um grupo o estreitamento de suas relações, bem como fornecem aos terapeutas inúmeros elementos para melhor compreensão da dinâmica grupal.

A descrição dos jogos que se seguem atende mais diretamente a essas finalidades.

"Coro de nomes"

O grupo todo em círculo, com as mãos nos ombros um dos outros, cada um por vez sai da roda, vai para o centro dela, diz o próprio nome ou "apelido" (se assim o preferir) várias vezes, em várias entonações, no que é em coro acompanhado por todo o grupo.

Este jogo é muito apropriado quando realizado nas primeiras sessões de grupo, quando os pacientes não se conhecem muito bem.

"Apresentação em duplas"

O grupo divide-se em duplas. Cada dupla conversa isolada dos demais, por um tempo determinado (30'). Depois todos se reúnem e o indivíduo A apresenta B e B apresenta A, em cada dupla.

Este jogo é propício para a quebra das inibições dos primeiros contatos.

"Uma reunião misteriosa"

Todos os participantes do grupo "recebem" um convite para participar de uma reunião em um local, dia e hora determinados por eles.

Antes de iniciar a dramatização, cada participante deve "construir" a sua personagem. A dramatização transcorre livremente e é interrompida ou modificada pelo grupo ou pelos terapeutas, a qualquer momento.

"Desfile de personagens"

Cada participante do grupo "desfila" frente aos outros e estes criam uma personagem para ele. Com as personagens criadas, dramatiza-se uma estória.

"Berlinda"

Cada um do grupo é entrevistado pelos demais participantes.
Este jogo pode ser feito na primeira sessão de um grupo, com o objetivo de uma apresentação.

"Notícia de jornal"

De posse de um jornal, o grupo lê algumas notícias e dentre elas seleciona uma para ser dramatizada.
Cada um escolhe o seu papel e todos juntos montam o local da dramatização. As modificações no texto são feitas livremente, no seu decorrer.

"Estória em pedaços"

O grupo em círculo, todos sentados no chão.

Um dos participantes começa uma estória que é continuada por seu companheiro da direita e assim por diante, cada um criando um pedaço da estória. Quando terminar, cada qual escolhe o seu papel e a estória é dramatizada por todo o grupo.

Este jogo também pode ser feito usando-se um objeto escolhido pelo grupo e a estória deste objeto é criada com cada um dos participantes contando uma parte. Ao final, todos dramatizam a estória criada.

"Fotografia"

Todos se observam por alguns minutos.

A seguir, fecham os olhos e cada um descreve a postura e roupas que estão sendo usadas por seu companheiro do lado.

"A carta íntima"

Cada participante do grupo escreve uma carta para um dos companheiros (os nomes poderão ser sorteados) dizendo algo de si que seja mais fácil de ser escrito do que dito em voz alta. Depois de recebidas, as cartas são lidas para todo o grupo, por aquele que a recebeu. E todos devem descobrir quem é o autor da carta.

"A colagem"

O grupo todo junto deve fazer uma colagem com o auxílio de jornais, revistas, papéis coloridos e tesoura.

Terminado o trabalho, cada um comenta como se sentiu ao fazer a colagem, em que coisas pensou durante o trabalho em conjunto e quais foram suas contribuições para o quadro feito. Todos falam e comentam o próprio desempenho e dos demais.

"Mais perto e mais longe"

Cada participante do grupo deve colocar os outros mais distantes ou mais próximos de si próprio, conforme sente o seu relacionamento com cada um deles.

Este jogo também pode ser feito da seguinte forma: O grupo de pé, em círculo. Cada participante, um por vez, vai ao centro, enquanto os demais, um a um, vão se aproximando lentamente dele, até a distância que para ele represente como sente o seu relacionamento com o que se aproxima.

"Objetos no chão"

Cada participante escolhe na sala um objeto de sua preferência.

A seguir, estando o grupo de pé, em círculo, o primeiro participante coloca o seu objeto no centro, o segundo coloca o seu mais próximo, mais distante ou até mesmo poderá mudar o lugar do objeto anteriormente colocado. E assim por diante o terceiro, o quarto... até rodar todo o círculo.

Terminada a rodada, estará formada uma "estrutura" com todos os objetos.

Começa-se a segunda rodada da mesma forma, com os participantes, cada uma na sua vez, podendo reorganizar os objetos no chão.

Segue-se para a terceira, quarta... rodadas, até que o grupo chegue a um consenso quanto à arrumação dos objetos no chão.

Depois desta primeira parte, o jogo pode ser continuado com os participantes substituindo os objetos pelo próprio corpo, formando uma "estrutura" que terá vida e poderá se movimentar.

"Círculo direita-esquerda"

O grupo todo está de pé, em círculo, com as mãos dadas, de olhos fechados; cada um pesquisa dentro de si mesmo, como sente o seu relacionamento no grupo, com o seu companheiro da direita e da esquerda. Feito isto, todos mudam de lugar e procede-se da mesma forma até todos do grupo terem passado uns pelos outros.

Ao final de cada rodada pode-se seguir o depoimento de cada participante.

"A reunião de uma comunidade"

O grupo todo vai dramatizar uma reunião de uma comunidade. Uma reunião de família, por exemplo.

Cada participante escolhe o seu papel: pai, mãe, irmão, avô, etc.

Na reunião, todos deverão — em seus respectivos papéis — conversar sobre um tema, determinado pelo próprio grupo, antes de se dar início à dramatização.

"Viagem à ilha do tesouro"

Todo o grupo fará uma "viagem" e chegarão todos a uma ilha deserta.

Cada participante do grupo escolhe um papel para representar na dramatização. Montam o cenário, que pode ser um navio ou um barco, por exemplo, e iniciam uma viagem à ilha.

"A máquina do corpo"

O grupo todo, tendo discutido entre si, escolhe um tipo de máquina que irá montar com o próprio corpo.

A seguir, esta máquina deverá entrar em movimento.

É muito comum ocorrer neste jogo a escolha de um carro ou de uma máquina fotográfica.

5. JOGOS PARA FAVORECER O APARECIMENTO OU O MANEJO DE SITUAÇÕES AGRESSIVAS

Uma das tarefas mais delicadas para os terapeutas é lidar com as situações agressivas, quando estas surgem no grupo.

Quando este fato ocorre, numa situação específica que está sendo vivenciada pelo protagonista, um recurso muito comum é, no momento em que as situações agressivas estão para ocorrer, substituir o alvo da agressão por uma almofada, para evitar o risco de contusões ou ferimentos. Entretanto, muitas outras situações agressivas ou competitivas podem acontecer em um grupo e, neste sentido, alguns jogos poderão nos auxiliar neste manejo.

Serão citados, a seguir, alguns destes exemplos.

"Briga de galo"

Os participantes, de braços cruzados para trás, tentam tocar as costas uns dos outros, com os cotovelos. Todos poderão se movimentar livremente, virando-se, correndo, protegendo-se, de modo a evitar serem tocados pelos demais.

Aquele que ficar sozinho no fim e que, portanto, não for tocado nas costas por nenhum dos participantes, ganhará o jogo.

"Disputa de área"

O grupo é dividido em dois ou mais subgrupos.

Os participantes ficam de pé, em círculos, dentro de uma área já demarcada (um círculo no chão, um tablado ou tapete), de braços dados ou com as mãos nos ombros uns dos outros.

O grupo que conseguir empurrar para fora da área demarcada os demais grupos, ganha o jogo.

"Gangorra"

Os participantes dividem-se em pares, um de costas para o outro, com os braços para trás, entrelaçados com os do companheiro. Cada um deve tentar arcar ao máximo o próprio corpo para a frente. O que primeiro conseguir levantar os pés do companheiro do chão, ganha o jogo.

Este mesmo jogo pode ser feito com os participantes de cócoras. Ganha o jogo aquele que primeiro desequilibrar o parceiro.

"Corda militar"

O grupo é dividido em dois subgrupos. Uma linha é demarcada no

centro da sala. Os participantes dos dois grupos se colocam em fila, seguros uns nos outros por trás e pela cintura.

Aos primeiros da fila de cada grupo são dadas as pontas de uma corda. O grupo que mais puxar para trás e conseguir com isto trazer o outro grupo para o outro lado da linha, isto é, para o seu campo, ganha o jogo.

"Bate-palmas"

Os participantes, divididos em pares, de frente um para o outro, pés juntos no chão, devem bater palmas uns contra os outros.

Aquele que primeiro conseguir desequilibrar o companheiro de sua posição inicial, ganha o jogo.

6. JOGOS DE RELAXAMENTO

O objetivo deste tipo de jogo é o de levar o indivíduo a uma maior percepção do seu próprio corpo, através do conhecimento de suas áreas de tensão, tendo sempre em vista que o relaxamento é a primeira meta a alcançar, para daí se chegar a qualquer pesquisa corporal.

É importante que os participantes, antes de iniciarem os jogos de relaxamento, estejam com roupas cômodas, largas e que tirem os sapatos, cintos, relógios, enfim, qualquer acessório que dificulte o relaxamento.

Alguns exemplos desses tipos de jogos:

"Bom-dia"

Os participantes deitados de costas no chão, olhos fechados, são levados a sentir o próprio corpo: cada parte dele; a respiração; os sons do aposento; e depois acordar, espreguiçando-se, esticando todo o corpo.

"A bola no painel"

Os participantes do grupo, deitados de costas no chão, olhos fechados, devem acompanhar com o pensamento e imaginar que estão vendo um imenso painel colorido tomando todo seu campo de visão. Aos poucos, muito lentamente, surge neste painel um pequenino ponto, como uma cabeça de alfinete, que vai aumentando de tamanho, aproximando-se e transformando-se numa bola colorida, que cada vez se aproxima mais e aumenta de tamanho, até se transformar numa imensa bola que toca em uma parte do corpo e arrebenta, saindo dela um líquido colorido que começa a "pintar", a colorir todo o corpo. Aos poucos, este líquido vai escorrendo para o chão e desaparece, deixando em todo o corpo uma agradável sensação.

"Um banho de sol na floresta"

O jogo anterior poderá também ser feito com os participantes imaginando-se em uma floresta, deitados sobre a grama e "vendo" as árvores, o céu, o sol quente irradiando-se por entre os galhos mais altos e aquecendo todo o corpo; o pôr-do-sol, a noite chegando na floresta, o luar e o brilho das estrelas.

"Desamarrando o corpo"

Todos deitados, de costas no chão, olhos fechados, devem tentar localizar no próprio corpo a sua área de tensão, a parte do corpo que se encontra, no momento mais "amarrada", "presa", e a seguir, procurar através de movimentos lentos e suaves, alcançar uma sensação corporal de maior conforto e bem-estar. Assim, a tensão antes concentrada em uma área irá, aos poucos, naturalmente, redistribuindo-se por todo o corpo.

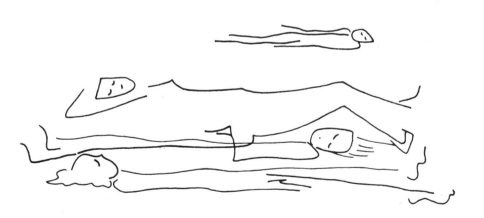

7. JOGOS DE SENSIBILIZAÇÃO

Os jogos de sensibilização têm por objetivo levar o indivíduo a perceber melhor, através dos seus órgãos de sentido — tato, olfato, visão, audição e gustação — tanto as impressões de seu próprio corpo, como as de um objeto externo a ele, como por exemplo o corpo de outra pessoa.

São jogos muito úteis para o aquecimento em uma sessão de psicodrama e muito utilizados também em cursos de treinamento sensorial.

São também indicados para início de grupo, pois favorecem muito a coesão grupal, agindo com elemento facilitador do relacionamento entre as pessoas.

"Pesquisa do próprio rosto"

O indivíduo de olhos fechados, mão no rosto, explora-o como se fosse pela primeira vez.

Este jogo pode também ser feito com duas pessoas sentadas uma frente à outra; uma de cada vez toca, pesquisa com as mãos o rosto da outra.

"Pesquisa das próprias mãos"

O indivíduo olha as mãos, conhecendo-as. Observa cada traço, lentamente. Sente uma tocando a outra, acariciando-se, percorrendo suas formas, dedo por dedo.

Deve-se demorar nesta exploração o mais possível.

"Pesquisa dos próprios pés"

O indivíduo começa andando e prestando atenção nos pés; como tocam o chão, como se movimentam para fazê-lo.

Seguir pisando mais forte e mais fraco. Terminada esta parte, o indivíduo senta e pesquisa os pés com as próprias mãos.

"A pesquisa de um objeto"

Cada elemento do grupo escolhe um objeto da sala ou de seu uso pessoal para conhecê-lo através do tato, até esgotar suas características. Tocando-o, por exemplo, com suas mãos e seu rosto, sentindo sua textura, sua forma, sua temperatura.

"O diálogo das costas"

Duas pessoas de costas, olhos fechados, vão conhecer as costas uma da outra. Movimentando-se alternadamente, comunicam-se pelas costas, lentamente, estabelecendo como que um diálogo não verbal com esta parte do corpo.

"Cabra-cega"

Os participantes de pé, em pares, um de frente para o outro, braços estendidos para a frente, cada um coloca suas mãos sobre as mãos do outro. Aquele que estiver com as mãos por cima, deve estar de olhos fechados e tentar captar com as próprias mãos, que tipo de "emoção" ou "sentimento" seu parceiro está lhe transmitindo. Podem movimentar-se à vontade.

O jogo termina quando o participante que tem por tarefa "decifrar" a mensagem, enviar um sinal a seu parceiro, abrindo os olhos, por exemplo.

Finda esta primeira parte, invertem-se os papéis.

"Guia de cego"

O grupo é dividido em dois subgrupos: uns serão os guias e os outros os "guiados" que, de olhos fechados, vão ser levados a caminhar, cada um por seu guia, para explorar toda a sala.

Terminada a tarefa, trocam-se os papéis.

"Exploração da sala"

Os indivíduos exploram com o próprio corpo toda a sala, de olhos fechados, utilizando o corpo todo nesta exploração: deitando-se no chão,

rolando na sala, entrando em contato com os objetos através das mãos, dos pés, do rosto, podendo sentir a temperatura dos objetos e das coisas que o circundam; a textura de todo o material que está na sala, dos bancos, das almofadas; podendo, por exemplo, tirar som dos objetos, pesquisando e explorando com todos os órgãos de sentido.

"Reconhecendo estímulos"

Os indivíduos estão deitados e relaxados. O diretor avisa o grupo que todos serão estimulados corporalmente por determinados objetos.

A seguir, o diretor passará em algumas partes do corpo das pessoas (nas mãos, braços, pernas, rosto) tipos variados de material: uma lixa, ou um pedaço de veludo, ou um pedaço de pano, objetos de texturas mais ásperas ou mais suaves de contato; cheiros (pó de café, por exemplo); sabores (coloca-se na boca um pouco de açúcar, por exemplo); enfim, qualquer coisa que vá apresentar algum estímulo.

Pede-se então aos indivíduos que, à medida que recebam este estímulo, soltem o pensamento para qualquer coisa que lhes venha à imaginação.

"Tira-gosto"

Cada um deve ingerir, por exemplo, uma pitada de sal, de açúcar ou gotas de limão e depois expressar para todo o grupo, corporalmente, as sensações que teve ao provar os diferentes gostos.

"Coro mágico"

O grupo todo em círculo, mãos nos ombros uns dos outros. Cada elemento por vez deve emitir um som que transmita seu estado emocional do momento.

Em seguida, este som é emitido em coro por todo o grupo, que deve estar em uma atitude interna disponível, para captar a emoção e deixar-se invadir pelo estado emocional do companheiro que determinar o som.

Este jogo é interrompido a qualquer momento que se julgue necessário; por exemplo, caso surja um protagonista da sessão.

"Encontro musical"

Cada participante, com uma música que pode ser escolhida pelo grupo, vai ao centro da sala e corporalmente tenta transmitir ao grupo as emoções que estão lhe ocorrendo. Os membros do grupo que se sentirem aquecidos a participar, também podem ir e corporalmente tentar se relacionar com o companheiro do centro.

8. JOGOS DE FANTASIA E IMAGINAÇÃO

J. L. Moreno refere-se ao seu trabalho com as crianças nos jardins de Viena, fazendo alusão à necessidade de se deixar em liberdade a imaginação e a fantasia, criticando as tendências de nossa sociedade de fornecer à criança "um nome" definido às coisas e colocá-la frente a um mundo de mitos e robôs, um mundo onde tudo já está pronto para ser consumido.

Os jogos de fantasia e imaginação têm, assim, o objetivo de dar possibilidades ao indivíduo de expressar suas sensações internas, suas emoções e seus sentimentos, através da sua capacidade de imaginação.

Estes jogos se propõem a dedicar um pouco mais de tempo à capacidade de imaginação e fantasia dos adultos, hoje em dia, freqüentemente, relegadas a um segundo plano.

"Viagem espacial a um planeta desconhecido"

Todo o grupo deve construir uma "nave espacial", com os objetos disponíveis na sala, e iniciar uma viagem a um planeta desconhecido.

Cada um escolhe antes um papel para desempenhar no jogo. A partir do momento em que a "viagem" tiver iniciado, todos poderão desempenhar seu papel como quiserem, criando todas as situações livremente, usando para isto sua própria imaginação.

"Desfile de animais"

Cada elemento, um por vez, deve andar em frente ao grupo por alguns minutos.

Cada participante, enquanto observa, tenta imaginar o nome de um animal que mais se pareça com o jeito de andar, de se movimentar, de gesticular do seu companheiro.

"A escultura"

Cada um dos participantes, "como se" estivesse trabalhando com argila, deve "esculpir" com as próprias mãos um objeto determinado e "entregá-lo" ao seu companheiro da direita, que deve receber e dizer o que recebeu (o que imagina que lhe foi entregue).

A seguir, "desmancha" a escultura, faz outra e passa a seu companheiro da direita que procede da mesma forma; e assim por diante, até se completar a rodada.

"Piso mágico"

O grupo todo deve andar livremente pela sala, imaginando que está caminhando sobre pedras; na areia quente; na beira da praia; na grama; na chuva; em um dia de intenso calor; sob a neve; na atmosfera, onde não há gravidade, etc.

"Nascimento da árvore"

Os participantes do grupo, deitados no chão, bem perto uns dos outros, devem imaginar-se raízes de uma árvore que vai nascendo lentamente até chegar à idade adulta — grande, frondosa, repleta de folhas — e que vai, em sua vida, passando pelas estações do ano e pelas inconstâncias do tempo: vento, chuva, frio e calor. Uma árvore que nasce, cresce e morre, voltando à terra de onde nasceu.

"Estátuas humanas"

Cada participante do grupo escolhe um local da sala para se colocar em uma determinada postura (de pé, deitado, sentado, etc.) e ficar como estátua.

Todos se olham e se atribuem papéis. Estes personagens deverão, depois, encontrar-se em uma época, em um local determinado e desenvolver uma estória, mantendo-se cada um no seu papel anteriormente determinado.

Cada personagem tem a liberdade de entrar e sair de cena quando quiser.

"Passeio no tempo"

Todos estão deitados e relaxados no chão.
Cada um deve imaginar-se mais velho cinco, dez, quinze anos... até chegar à velhice e à morte.

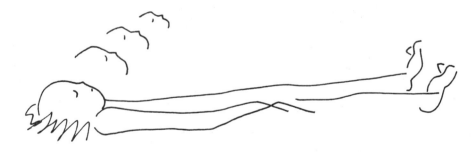

Este jogo também pode ser feito voltando-se no tempo até o nascimento.

"Viagem ao desconhecido"

Cada um dos participantes, deitado no chão, relaxado, imagina-se fazendo uma viagem para um lugar desconhecido, sua chegada neste lugar e tudo o que poderia estar fazendo lá.

Depois, todos contam a sua estória para o grupo. E uma dentre elas ou todas as estórias poderão ser dramatizadas.

"Bazar de trocas"

O grupo monta um "bazar" onde há desde objetos, pessoas, profissões, até sentimentos e emoções, usando para isso os objetos da sala. Porém, esses artigos não se acham à venda, mas podem ser obtidos através da troca de outras coisas.

Os participantes do grupo, um após outro, vão até o "bazar" e adquirem nele todas as coisas que mais desejam possuir (pode ser um número limitado ou não), deixando em troca coisas suas que não queiram mais e das quais desejam se livrar.

"Máscara do tempo"

Com o uso de máscaras, confeccionadas pelo próprio grupo com lenços coloridos ou com papel, cada elemento dramatiza a sua "linha" de vida: seu nascimento, sua juventude, sua velhice, até chegar à morte.

Capítulo IV

Alguns exemplos de jogos dramáticos em sessões de grupo de psicodrama

Relatos de trabalhos feitos em grupos de pacientes adultos, com oito participantes, em uma sessão de psicodrama

1.

Assim que cheguei na sala, todos já estavam sentados e, logo, um deles sugeriu que começássemos a sessão com um jogo. Pesquisei um pouco a sua idéia, que era a de um jogo de sensibilização, em nível de comunicação corporal. Consultado o grupo, todos concordaram, com exceção de uma paciente que havia iniciado no grupo há bem pouco tempo: esta era a sua segunda sessão. Criou-se então um impasse no grupo. A paciente dizia que não gostava desse tipo de atividade, que tinha dificuldades e receio de fazê-la. Sugeri a ela pesquisar dramaticamente esta dificuldade, também através de um outro jogo: o grupo ficaria em círculo, ela no centro, e cada um iria, lentamente, aproximando-se dela, até o ponto em que ela desse uma ordem para parar. Na realização do jogo, a paciente não deixava que se aproximassem muito, mantendo uma distância de todos.

Feito este jogo, perguntei-lhe como se sentia e ela disse que se sentia bem. (Isto, provavelmente, por ter sido respeitada em seus limites.) Expliquei-lhe, então, que poderíamos fazer também outros jogos que, como naquele, ela seria respeitada, seus limites não seriam invadidos, o que a tranqüilizou bastante. Disse ela, nesse momento, que concordaria em fazer o jogo proposto anteriomente pelo grupo. Comecei o trabalho da seguinte maneira: o grupo deveria se dividir em pares. Cada par deveria conversar entre si e escolher, cada um, parte do próprio corpo para entrar em contato com o outro; por exemplo: mãos de um, com as mãos do outro ou mãos de um, com as costas do outro, ou com os pés, e assim por diante; e que, depois de um certo tempo, também combinado entre eles, deveriam inverter os papéis.

Para prevenir que — principalmente, a paciente que colocara sua dificuldade — não se sentisse constrangida, o jogo foi assim limitado a uma só parte do corpo.

O jogo seguia normalmente e, em certa hora, os pares inverteram de papéis, com exceção de um par.

Terminada a atividade, propus que o grupo ficasse em círculo, de olhos fechados, e coloquei uma música, dizendo-lhes que se movimentassem livremente. O grupo aproximou-se um pouco mais — era agora um círculo fechado, com os braços nos ombros uns dos outros. Acompanhando a música, embalavam-se de um lado para o outro. Em dado momento, uma paciente começou a chorar, no que foi recebida e acalentada pelo grupo, que a colocou no centro e a circundava. Deixei por um tempo e depois parei a música, sentamo-nos no chão e nos propusemos a conversar sobre o que havia acontecido. Todos falaram sobre o que se passara dentro deles, o que haviam pensado e sentido, desde o começo.

O que quero destacar é o comentário feito pela paciente que chorou. Ela nos disse que, quando estava fazendo o jogo com sua parceira, fazia massagem nas costas dela e que fazia isto com muito prazer, sentindo também que sua parceira estava gostando. Quando lhe foi proposto inverter os papéis, recusou-se, dizendo: "Não. Você está gostando, está bom para você, vamos continuar assim. Está bem para mim também". Acontece que, quando ela começou a chorar, percebeu o que lhe havia acontecido: que esta atitude que tivera no decorrer do jogo, também tinha em sua vida. Pensava, sempre, primeiro no outro, esquecendo-se dela própria. Dava-se para o outro sem sentir se estava querendo ou precisando receber para si. E começou a relatar, muito emocionada, fatos de sua vida real onde isso acontecia com freqüência. E disse-nos que percebera essa sua característica, durante a realização do jogo. O jogo lhe propiciou perceber tudo isso.

Temos, aí, o quanto de terapêutico o jogo tem por si próprio.

2.

O relato que segue é o trabalho feito por um grupo de oito participantes, também adultos, dos quais, neste dia, encontravam-se apenas cinco. Faltavam o protagonista da sessão anterior e mais dois pacientes que estavam viajando.

O grupo começou a sessão reclamando da ausência do protagonista da sessão anterior. Um dos pacientes que mais reclamava, disse-nos, então, que gostaria de falar. Atualmente estava acontecendo o seguinte com ele: em todas as situações de divertimento, em que saía para se divertir só, ou com amigos, não se sentia bem. Por outro lado, nas situações que implicavam qualquer responsabilidade, tipo trabalho ou estudo, pelo contrário, se sentia bem. As situações sérias eram confortáveis e as de divertimento e brincadeiras, constrangedoras. Em passeios, festas, lugares para dançar, namoro, sentia-se preso, tolo, bobo, infantil. Portanto, toda situação de jogo, de brincadeira, era difícil para ele.

Nesse momento, perguntei aos demais participantes do grupo se isso acontecia com eles também e nos veio, então, o relato de que, atualmente, estavam mais presos e que, numa festa, por exemplo, ficavam inibidos, precisando de tempo ou bebida para ficarem mais soltos, para se divertirem. O mais interessante foi o depoimento de uma das pacientes: ela sentia que, quando adolescente ou criança, brincava, dançava espontaneamente. Era mais livre para fazer isto, do que agora. Que, adulta, ficara mais presa para estas coisas, que as atividades "sérias" eram também mais fáceis para ela.

Observamos, nos comentários feitos, o que vimos dizendo até agora: as situações de divertimento, de descontração, de jogo, por elas próprias, aparecem de forma mais espontânea na infância e na adolescência estão muito mais reprimidas no adulto, que — ao dedicar mais tempo a coisas chamadas "sérias", tais como o trabalho —, perde a disposição natural para o lúdico.

Neste momento, o grupo foi convidado a jogar, o que foi aceito por todos. Tentaríamos buscar um pouco do espontâneo, um pouco da criança livre que joga, que brinca, e que existe dentro de cada um de nós.

O grupo foi consultado quanto ao tipo de jogo que faríamos: um jogo de sensibilização, de reconhecimento em nível corporal, por exemplo. Sugeri fazer isso com música, no que o grupo discordou, dizendo que a música dificultaria o trabalho. Pedi, então, que cada um se colocasse no chão, tirando antes os sapatos, óculos, cintos, relógios, enfim, objetos de uso pessoal que pudessem incomodá-los e atrapalhar na realização do

jogo. Deveriam ficar no chão, bem encolhidos, como o feto no útero materno.

Iam nascer, lentamente, e cada movimento para "desencolher", por menor que fosse, seria um movimento novo, desconhecido, como se fosse a primeira vez que o estivessem fazendo, como se fosse a primeira descoberta. Se alguém, por exemplo, estendesse o braço que antes estava encolhido junto ao corpo, deveria fazê-lo lentamente, como se fosse a primeira vez que o estendesse, prestando atenção a cada etapa, a cada fase desta movimentação. E assim por diante, com cada parte do corpo.

O grupo fazia o jogo, até que um dos pacientes pára, levanta-se, afasta-se e vai sentar-se em um canto da sala observando o grupo atentamente. Deixei e continuei o jogo com o grupo que ia "desprendendo" seu corpo e se "esticando" no chão. Aí pedi que cada um prestasse atenção ao seu corpo, como estavam e que pesquisassem qual parte dele estava mais aquecida para se movimentar. Alguns movimentaram os pés, outros as mãos. Disse-lhes, então, que cada parte do corpo puxava a outra para se movimentar e que eles prestassem atenção a isto: que os pés puxavam as pernas, as mãos puxavam os braços, a cabeça puxava os ombros, e assim por diante, expandindo-se para todo o corpo. Os movimentos, inicialmente mais tímidos, foram aos poucos se soltando, numa tentativa de movimentos mais amplos. Esgotada esta parte, solicitei que voltassem a se deitar no chão e relaxar, a sentir o corpo, a respiração (inspiração e expiração), sentindo o ar entrando e saindo.

Disse-lhes, então, que fossem se levantando, lentamente, e que voltassem a seus lugares no contexto grupal, para conversarmos sobre o que havíamos feito.

O mesmo paciente que havia falado logo no início da sessão, disse-nos que sentia muita vontade, naquele momento, de fazer alguma coisa em que empreendesse muita força. Queria "torcer" alguma coisa. Pareceu-me haver um conteúdo agressivo neste pedido. (É interessante dizer, aqui, que na sessão anterior o tema trabalhado havia sido agressividade.) Sugeri a ele pegar uma corda que estava na sala, segurar em uma das pontas, enquanto os outros quatro participantes do grupo ficariam com a outra ponta e puxariam todos, com bastante força. Ele aceitou a idéia, bem como todo o grupo, e assim fizeram. Em certa hora, uma paciente passou para o outro lado para ajudar o que estava só e ficaram três a dois puxando a corda. Ficaram um bom tempo, até caírem todos no chão, de cansaço pelo esforço empregado. Todos riam e se divertiam muito com o jogo. Neste momento, o paciente que havia solicitado o jogo começou a ficar muito emocionado, mas não falava nada para nós. Sentamo-nos em círculo e ele nos disse que não daria para falar o que se passava com ele naquele momento, que havia percebido muitas coisas suas no decorrer do jogo e que, oportunamente, em outra sessão, nos contaria. Voltei, então, ao outro paciente, que logo no início do primeiro jogo havia se afastado do grupo, e pedi-lhe que nos contasse o que havia se passado com ele. Ele nos disse que, ao ver os companheiros do grupo se movimentando, lembrou-se de um fato ocorrido com ele há anos, quando fora a uma sessão de umbanda. Era uma fase da sua vida em que buscava uma religião, um sentido para a vida e, a partir daí, passou a nos relatar esse fato e seus conflitos ligados a esse tema. Passamos, então, à dramatização de uma cena de sua vida real, ligada a essa situação.

Podemos notar, nesta sessão, que o jogo não só propiciou um *insight* ao primeiro paciente, como nos trouxe também um outro protagonista para a sessão.

Relato de trabalho feito em um grupo de pacientes adultos, com oito participantes, em primeira sessão de psicodrama

A experiência que se segue foi vivenciada em um grupo de adultos, com oito participantes, que não se conheciam e era esse o primeiro contato entre eles.

Introduzi, logo de início, o jogo de "Apresentação em duplas". Eles se escolheram em pares, para se apresentar e conversar. Poderiam fazê-lo na própria sala em que estavam ou ir para qualquer outro lugar da casa e voltar dentro de meia hora. Eles se dispersaram, alguns pares indo para o jardim, outros para a sala de espera e outros ficaram na própria sala. Decorrido o tempo, todos voltaram, sentamo-nos em círculo e começamos a conversar, cada um apresentando o seu parceiro para todo o grupo.

Quero destacar aqui o fato que aconteceu com uma das duplas. Era um casal e a moça começou a apresentar o rapaz para o grupo: seu nome, idade, profissão, suas atividades preferidas, seus gostos, seus *hobbies*, seus problemas. Todavia, notava-se um certo constrangimento em seu relato. Num dado momento, ela olha o rapaz e este diz: "Pode contar, pode contar tudo o que lhe falei". Aí ela diz que ele era homossexual há bastante tempo e que atualmente morava com um rapaz.

O que quero assinalar aqui é que o jogo, nesse caso, trouxe-nos um dado muito importante da vida afetiva desse paciente, o que provavelmente levaria muitas sessões para ser trazido ao grupo, pois é muito freqüente observarmos que o homossexual leva um bom tempo para colocar sua situação, sua vida sexual, sua vida afetiva e, devido ao jogo, esse fato foi conversado na primeira sessão do grupo. O jogo, no caso, foi um facilitador para o fato de ser ventilado no grupo. O próprio paciente parecia bem à vontade, relaxado, não tinha um "mistério" só seu, pois o havia compartilhado com todos.

Capítulo V

O jogo dramático no psicodrama individual

No psicodrama individual trabalhamos com uma equipe terapêutica composta de um diretor e de um ou mais egos-auxiliares, que terão como função principal auxiliar o paciente nas dramatizações. Muitos dos jogos já citados poderão ser utilizados e adaptados a uma sessão de psicodrama individual.

Quanto à sua indicação, tal como em qualquer outra situação, basicamente consiste em facilitar o caminho para o paciente chegar a trabalhar seus conflitos em um campo de nível de tensão emocional mais baixo. No aquecimento temos, portanto, a meu ver, um dos momentos bastante propícios do uso do jogo no psicodrama individual. Recordo-me da primeira sessão de uma paciente adulta, que muito tensa, não conseguia, verbalmente, trazer material terapêutico. Propus-lhe, então, fazermos um jogo em que deveria "montar" dramaticamente, com a utilização dos recursos de que dispúnhamos na sala, objetos como bancos e almofadas, o local ideal para ela se sentir à vontade. Utilizando-se de algumas almofadas verdes, "construiu" um jardim e deitou-se "na grama". Daí passamos ao jogo "Associação livre de idéias", adaptado à situação individual. Terminado o jogo, a paciente — bem mais tranqüila, — começou a conversar sobre suas dificuldades atuais e a sessão transcorreu sobre os temas que ela agora trazia.

Outros jogos de relaxamento, sensibilização e fantasia, poderão ser também utilizados com a mesma finalidade.

Afirmando ser o aquecimento um dos momentos mais propícios

para o uso do jogo no psicodrama individual, não quero dizer que esta seja a sua única indicação de uso. Ele poderá também ser amplamente utilizado como um rico e poderoso auxiliar do paciente na compreensão de sua própria dinâmica. Lembramos aqui Arthur Kaufman, em seu trabalho sobre "O jogo em psicoterapia individual", apresentado no I Congresso de Psicodrama, em Serra Negra, São Paulo: "Na sessão individual há, em primeiro lugar, a intenção de criar um grupo psicodramático com o concurso de figuras internalizadas do átomo social do paciente, e também facilitar a realização de imagens a respeito de pessoas, objetos e sentimentos." Utilizando para isso alguns brinquedos, como jogos de encaixe e bonecos (fantoches) o paciente poderá não somente expressar verbalmente sua estória, como por exemplo montar com os brinquedos diversas situações, o que, freqüentemente, lhe permite *insights* de sua própria realidade de vida, de sua própria dinâmica, a partir da estrutura montada. Neste momento, a introdução do "brinquedo" é diferente da utilização mais comumente feita do jogo dramático no psicodrama, podendo ser considerada como uma introdução dos elementos lúdicos na sessão, como recurso facilitador para o trabalho terapêutico. Esta forma de uso surge, mais freqüentemente, na psicoterapia psicodramática individual bipessoal, amplamente descrita por Bustos, em seu livro *Psicoterapía Psicodramática*[7]. Nesta modalidade terapêutica, diferentemente do psicodrama individual, onde se trabalha com uma equipe de terapeutas, restringe-se o trabalho a apenas um terapeuta com o paciente. Apesar de o referencial teórico psicodramático ser o mesmo, seus recursos dramáticos são menores, pois cabe ao paciente representar todos os papéis na dramatização com o auxílio do terapeuta que, eventualmente, poderá jogar um papel tal como o fariam os egos-auxiliares. Embora o jogo dramático possa ser amplamente utilizado em ambas as formas, quer na psicoterapia individual, quer na psicoterapia psicodramática individual bipessoal, a necessidade de recursos lúdicos surge, com maior freqüência, na forma bipessoal.

Tanto como um jogo dramático ou como um elemento lúdico utilizado na sessão, o jogo em si (brincadeira) visa criar "aparentemente" um meio menos comprometedor, para o paciente, de se envolver em determinadas situações, ou de assumir certos sentimentos, de modo que

---

7. Bustos, Dalmiro M. *Psicoterapía Psicodramática*. Buenos Aires, Paidós. 1975, p. 97

se torna uma forma de superar, por exemplo, as racionalizações constantes, ou aquelas defesas obsessivas mais fortes de alguns pacientes, apesar do primeiro sentimento de "situação ridícula eu ficar mexendo com estes brinquedos de criança!"[8]

---

8. Kaufman, Arthur, *O jogo em psicoterapia individual*. Trabalho apresentado no I Congresso Brasileiro de Psicodrama. Serra Negra, São Paulo, 24 a 28 de maio de 1978.

Capítulo VI

O jogo dramático no psicodrama de casal

O psicodrama de casal é uma das modalidades do psicodrama onde trabalhamos com um casal e uma equipe terapêutica composta de um diretor e dois egos-auxiliares: um masculino e um feminino.

O psicodrama de casal, a meu ver, requer um manejo muito cuidadoso por parte dos terapeutas, pois quando os casais nos procuram para uma terapia, geralmente já estão com problemas conjugais bastante sérios e a tensão entre eles já é muito grande, isto quando já não estão prestes a uma separação, pois além de as possibilidades de uma terapia de casal serem conhecidas por poucos, nenhum trabalho profilático é desenvolvido neste sentido.

O jogo dramático no psicodrama de casal é utilizado como um valioso recurso para o relaxamento das tensões, a fim de propiciar uma melhor atuação terapêutica.

É muito freqüente, por exemplo, o casal, já no início da sessão, começar a se desentender, a se corrigir mutuamente, o clima ir se tornando cada vez mais tenso e aparecer a tendência a colocar os terapeutas no papel de juízes, para darem razão a um ou a outro. Este é um momento propício para a introdução do jogo: logo no início da sessão. Vejamos alguns exemplos práticos:

— Pedir que cada um, separadamente, porém ao mesmo tempo, monte, no contexto dramático, uma imagem da família com bonecos. Terminado o jogo, cada um deverá comentar a própria criação e a de seu parceiro.

— Pedir que cada um escolha um animal para representar, animais, que tentam estabelecer um diálogo, usando sons. Através deste jogo, podemos observar e depois comentar o desempenho de cada um no papel escolhido.

Outros jogos já descritos podem ser adaptados à situação do casal, como — por exemplo — os jogos: "Pensando alto", "Em busca de uma dor", "Mímica de uma emoção", "Apresentação em duplas" e outros. Todos estes poderão fornecer elementos muito ricos para a terapia do casal, como também fornecer dados a seu parceiro, dados que estão insuficientemente valorizados ou que não estejam mesmo sendo notados.

Os jogos dramáticos, portanto, além de permitirem um trabalho em um campo mais relaxado, permitem a cada um dos cônjuges ver, observar características, comportamentos, sentimentos e emoções de seu companheiro, que num campo tenso passam totalmente despercebidos. Ocorre, geralmente, que, depois de um jogo, o diálogo é mais fácil entre o casal e o prosseguimento da sessão é bem mais tranqüilo, permitindo, inclusive, a introdução de uma dramatização em nível real, que aborde mais diretamente seus conflitos.

Capítulo VII

O jogo dramático
no psicodrama com psicóticos

O jogo dramático, no psicodrama com psicóticos, vai, principalmente, estimular o desenvolvimento dos aspectos sadios de suas personalidades e facilitar a criação de vínculos entre os próprios psicóticos e entre estes e a equipe terapêutica (diretor e egos-auxiliares). Se nos ativermos simplesmente a um nível de comunicação verbal, ao uso da palavra, dificilmente alcançaremos nosso intento, pois os psicóticos facilmente perdem o contato e tendem a voltar-se a seus próprios mundos internos.

O jogo dramático, por oferecer formas simples e proporcionar o clima de baixa ansiedade, permite aos pacientes desempenhar atividades em conjunto, divertindo-se enquanto jogam, possibilitando assim a criação deste vínculo.

Destacamos duas indicações mais precisas para o uso dos jogos dramáticos:

1. Como uma fase preparatória para uma posterior formação de grupos de psicodrama.

2. Como aquecimento em uma sessão de psicodrama.

Como uma fase preparatória para uma posterior formação de grupos de psicodrama, trabalhamos exclusivamente com jogos dramáticos com a finalidade, de familiarizar os pacientes com a técnica psicodramática, além de permitir-lhes usufruírem dos benefícios terapêuticos do jogo por si próprio.

D. M. Bustos, em seu livro *El Psicodrama*[9] descreve uma experiência feita no hospital Borda, na Argentina, onde uma equipe de terapeutas psicodramatistas teve oportunidade de formar um grupo com quinze pacientes psicóticos, que se encontravam uma vez por semana, durante três horas, trabalhando exclusivamente com jogos dramáticos. O que foi observado depois de um mês e meio de trabalho surpreendeu a todos. A maioria dos pacientes já era mais espontânea nas dramatizações, o nível de comunicação entre todos havia aumentado consideravelmente, já eram capazes de assumir papéis e representá-los e começou também a surgir material trazido por eles próprios, que já poderia ser tratado dentro de um enquadramento especificamente terapêutico. Nesse momento, foi organizado um grupo de psicodrama com esses pacientes.

Como aquecimento em uma sessão de psicodrama, os jogos dramáticos também podem ser utilizados em grupos de pacientes psicóticos, com a finalidade de relaxamento de campo, criando condições para um melhor trabalho terapêutico, pois os psicóticos geralmente estão num estado de alarme intenso, caracterizado por um alto nível de ansiedade e de angústia.

Em 1971, tive oportunidade de participar de uma sessão de psicodrama com psicóticos, dirigida por Jaime Rojas Bermúdez, no já citado hospital Borda. Éramos uma equipe de oito egos-auxiliares. O grupo compunha-se de dez pacientes internos, que vinham já há algum tempo se submetendo a um tratamento com psicodrama, uma vez por semana, durante duas horas.

Dada a hora da sessão, andavam pelo corredor próximo à porta da sala, cada um totalmente voltado para si mesmo, sem qualquer comunicação uns com os outros. Assim que a porta foi aberta, os pacientes foram entrando, alguns espontaneamente e outros foram solicitados a fazê-lo. Uma vez sentados em círculo, permaneciam no mesmo estado de isolamento e a maioria ignorava nossa presença entre eles. Um dos pacientes começa a falar de seus delírios místicos em relação ao Novo Testamento. Bermúdez iniciou, então, o trabalho de aquecimento do grupo, pedindo a cada um que olhasse para as pessoas ao seu lado e lhes dissesse o próprio nome e que os egos-auxiliares, por sua vez, também tentassem estabelecer algum vínculo com eles. Alguns nos cumprimentaram e falaram conosco. Outros somente nos olharam. Este simples jogo nos colocou um pouco mais em contato, não tão estranhos um ao outro.

---

9. Bustos, Dalmiro M. *El psicodrama. Aplicaciones de la técnica psicodramática*. Buenos Aires, Editorial Plus Ultra, 1974, p. 283.

A seguir, Bermúdez pediu a todos que fôssemos ao centro da sala e andássemos introduzindo aí o jogo "Piso Mágico". Podia-se, notar, então, que todos já estavam mais mobilizados para uma maior comunicação. Riam e se olhavam. Voltamos daí a nos sentar e um dos pacientes começou a falar de coisas que haviam acontecido com ele no hospital, durante a semana e a maioria do grupo o ouvia atentamente. Deu-se início, neste momento, à etapa de dramatização propriamente dita da sessão.

O uso dos jogos dramáticos permite, pois, a criação de um vínculo entre os pacientes, e entre estes e a equipe terapêutica; a diminuição das tensões e a criação de condições de trabalho em um campo mais relaxado; maior mobilização para o aparecimento de material para ser trabalhado em um enquadramento mais especificamente terapêutico.

Quanto aos tipos de jogos que podem ser utilizados com os psicóticos, começamos inicialmente com os jogos mais simples, tais como: "Piso mágico", "Jogos de pesquisa e espaço": andar em círculos, em oito, em linhas retas, em linha paralelas, em ziguezague, "Expressão livre do ritmo", e só posteriormente introduzimos outros jogos mais complexos, tais como: "Reunião de uma comunidade", "Nascimento de uma árvore", "Bazar de trocas", "Guia de cego", à medida que o grau de evolução dos pacientes já permita desempenharem atividades que abranjam mais elementos.

Capítulo VIII

O jogo dramático no psicodrama com adolescentes

Enquanto o jogo dramático no psicodrama com adultos pode ser usado como um recurso terapêutico, no psicodrama com adolescentes ele deve ser muito mais freqüentemente usado. O adolescente, de um modo geral, fala pouco de suas dificuldades pessoais. Se tentamos lhes fazer perguntas sobre como estão se sentindo, sobre quais conflitos de sua vida íntima gostariam de falar, eles ou não respondem ou tendem a não nos levar a sério, respondendo com gozações e brincadeiras, dada a dificuldade que têm de mais diretamente abordar seus assuntos íntimos e pessoais. Portanto, o jogo dramático deve ser usado como uma forma de se criar condições de trabalho em um campo relaxado e em uma situação menos conflitiva, mais preservada e, conseqüentemente, mais fácil de ser alcançada.

Quanto às etapas, em uma sessão de psicodrama com adolescentes, não temos uma demarcação tão nítida como em grupos de adultos, com aquecimento, dramatização e comentários. Os adolescentes já entram na sala dramatizando. O contexto dramático não é delimitado a uma área: geralmente ocupa toda a sala. As etapas de aquecimento e dramatização se confundem e os comentários freqüentemente são feitos pelos terapeutas no decorrer da própria dramatização, pois, se deixados para o fim da sessão, os momentos já foram esquecidos e eles tendem a perder sua força como atuação terapêutica.

Todas estas características aparecem de forma mais acentuada em grupos de adolescentes mais jovens (púberes). À medida que tratamos de

83

adolescentes maiores (15 a 17 anos) os grupos tendem a a presentar uma dinâmica mais próxima dos grupos de adultos, onde o contexto dramático é delimitado a uma área da sala e as etapas da sessão são bem mais definidas. Quanto às indicações do jogo dramático, citaremos as que nos parecem fundamentais:

1. Como uma forma indireta de se trabalhar terapeuticamente os conflitos pessoais e íntimos de cada um.
2. Para aumentar a coesão grupal e diminuir a formação de subgrupos e facilitar a criação de um respaldo grupal afetivo para o protagonista.
3. Para que percebam a necessidade de respeito aos limites de um modo geral; respeito às regras e a autoridade.
4. Para trabalharmos com a competição, a autoridade, a agressividade, a sexualidade, problemas de dinâmica familiar, dificuldades escolares e a utilização de drogas — a nosso ver, os temas que mais freqüentemente aparecem em grupos jovens.

Quanto aos temas citados, para trabalhar, por exemplo, com a competição, usamos vários jogos do tipo gincana, dividindo o grupo em subgrupos e propondo a execução de pequenas tarefas a serem cumpridas no menor tempo possível, tais como: colocar um número X de bancos, o mais rapidamente possível, em determinada posição, etc. A agressividade pode ser manejada com o uso de jogos do tipo "luta de box", "guerra de almofadas", etc., onde os limites do jogo são combinados com o próprio grupo antes do seu início. Nas situações de autoridade, com jogos que permitam a eles desempenharem papéis de juiz e autoridades em geral, por exemplo, dramatizando o julgamento de um réu imaginário. Nas situações sexuais trabalhadas com o auxílio de marionetes, que facilitam muito a dramatização, dada a dificuldade de contato físico entre eles, nesta idade. Por exemplo, cada um estando de posse de um boneco, dramatizam todos juntos uma história criada pelo grupo. Aí acontece freqüentemente de os bonecos se aproximarem e se tocarem, diálogos de namoro e trocas afetivas aparecem, o que, sem o uso dos bonecos, dificilmente ocorreria. Os bonecos atuam como um elemento facilitador para um maior contato entre eles.*

---

* Ver Jaime Rojas Bermúdez, *Introdução ao Psicodrama*, cap. 8; "O objeto intermediário". São Paulo, Mestre Jou, 1970.

Quanto aos jogos em si, não vemos diferenças marcantes. Os jogos já descritos e utilizados para os grupos de adultos podem ser usados nos grupos de adolescentes. A maior diferença está na atitude dos terapeutas frente ao grupo e na necessidade da compreensão da dinâmica dos terapeutas frente ao grupo e na necessidade da compreensão da dinâmica desses grupos, totalmente diferente dos grupos de adultos, notando-se uma atitude de maior dependência em relação aos terapeutas, uma necessidade de maior flexibilidade dos mesmos em aceitar as gozações e brincadeiras por parte dos adolescentes, um respeito às suas dificuldades de uma clara verbalização de seus problemas e de um contato corporal mais próximo.

Capítulo IX

O jogo dramático no psicodrama infantil

"Por meio da atividade lúdica, a criança expressa seus conflitos e, deste modo, podemos construir seu passado, assim como no adulto fazemo-lo através das palavras".[3] A linguagem da criança é o jogo. E neste sentido, qualquer técnica de psicoterapia infantil, para chegar à criança, terá de utilizar-se de brinquedo, do jogo, como elemento básico em sua forma de trabalho.

O jogo dramático no psicodrama infantil deve ser encarado como uma forma bem mais ampla do que quando aplicado a outras faixas etárias. Antes de tudo devemos considerar que a criança e o jogo estão de tal modo intrinsecamente relacionados que, praticamente, um não existe sem o outro. Todas as crianças jogam. Esta é a sua forma de expressão. O brinquedo oferece à criança inúmeras experiências que atendem as suas necessidades de acordo com suas etapas de desenvolvimento. Segundo Aberastury[3], em torno dos quatro meses inicia-se a atividade lúdica da criança. Com esta idade começa a tentar controlar seus movimentos, pegar objetos próximos a ela, tocar e colocá-los na boca, esconder-se atrás do lençol e assim segue brincando com o próprio corpo, com os sons (balbucios) que ela própria emite e, em cada etapa de seu desenvolvimento, encontra novos brinquedos e jogos que vêm ao encontro de suas necessidades mais imediatas. O brincar com brinquedos vai diminuir muito de interesse somente a partir dos dez-doze anos, quando surgem os agrupamentos de meninos e meninas, mais voltados a interesses outros, relacionados com a aprendizagem sexual.

Aí meninas e meninos conversam sobre as diferenças sexuais e trocam idéias entre si.

    O jogo dramático no psicodrama infantil não se atém a uma indicação de uso nesta ou naquela situação, como por exemplo para trabalhar uma situação específica grupal ou para aquecimento em uma sessão, se bem que poderá também ser usado com estas finalidades. Nossa tarefa como terapeutas será a de criar um clima permissivo e, a seguir, fazer a "leitura" da mensagem que aparece através do jogo. A ludoterapia utiliza, para isto, a interpretação e o psicodrama se utiliza de formas de ação. A criança tem muita facilidade para dramatizar. É freqüente entrarem na sala já brincando, dramatizando, e aí é importante que o terapeuta seja bastante habilidoso para não interromper o jogo com interferências verbais, mas ser bastante criativo no momento, para dar continuidade ao jogo iniciado ou, em seguida, criar com as crianças um jogo. É comum no psicodrama infantil o grupo todo participar da dramatização. Raramente temos um protagonista. Portanto, os jogos devem ser grupais, por excelência. Os jogos mais freqüentes no psicodrama infantil são, no grupo das meninas, a partir dos cinco anos, as histórias, algumas universalmente conhecidas, como o "Chapeuzinho Vermelho" ou a "Branca de Neve", por exemplo, ou os desenhos e o brincar de casinha. Quanto aos grupos de meninos, o maior interesse está voltado para os jogos com revólveres, espingardas e cowboys. Já maiores, com a entrada para a escola, um novo mundo de brinquedos e jogos se abre para a criança, principalmente os jogos de competição, as corridas, os jogos de bola. A partir dos oito anos, aproximadamente, até a puberdade, sua atenção volta-se novamente para o corpo, surgem os jogos de pegar e esconder, que traduzem esta necessidade, como os jogos de pegar realizados no quarto escuro.

A preparação da sala é importante: uma quantidade muito grande de material lúdico poderá prejudicar a criança, confundindo-a e dispersando-a. Devemos ter alguns brinquedos tais como: bola, revólver, jogos de encaixe, cordas, papel e lápis, marionetes, máscaras e o resto ficará por conta da própria criatividade da criança. É comum vermos uma caixa de fósforos virar, no seu mundo do faz-de-conta, um verdadeiro carrinho ou caminhão, ou uma vassoura, como que num passe de mágica, passar a ser um boneco ou um instrumento de vôo no seu mundo da fantasia. Fica assim a criação do jogo mais por conta da própria espontaneidade e criatividade infantil.

Capítulo X

O jogo dramático e as técnicas dramáticas aplicadas ao ensino

O jogo dramático é muito útil e de grande importância no campo das técnicas dramáticas aplicadas ao ensino, que utiliza a dramatização como recurso didático, inclui-a em sua tarefa docente e a valoriza como instrumento de ensino em relação à aprendizagem de um modo geral. Sua posição é de que uma explicação ao aluno em nível puramente teórico é insatisfatória e que, aliada a uma vivência prática, através da dramatização, o resultado será mais eficaz. Não se restringindo, assim, a uma transmissão pura de um conceito, de um conhecimento, deixando de lado a compreensão. Por outro lado, se assim visto, este torna-se também um aprendizado individualizado que não visa à integração social do aluno e que, portanto, poderá favorecer o aparecimento de dificuldades nesta área. O ensino que se atém à linguagem, à transmissão pura e simples pela palavra (o que cabe bem dentro de um conceito clássico de educação, a nosso ver não mais condizente com o mundo em que vivemos, onde uma preocupação constante do educador deve ser a integração social do homem) não alcança aquilo a que uma técnica de ação poderá mais facilmente chegar, estimulando o educando ao desenvolvimento de seu comportamento social, seu juízo crítico e sua criatividade. Esta é a proposta do educador que utiliza métodos de ação (dramáticos) em seu trabalho de ensino. A ele cabe levar o homem a desenvolver o seu processo espontâneo e criativo.

Para Moreno, toda escola deveria contar com uma sala de psicodrama, que seria um verdadeiro laboratório para o aluno, permitindo uma atuação livre e espontânea de sua personalidade.

O psicodrama volta-se para o campo da terapia e o educador que utiliza o psicodrama pedagógico encontra-se com Moreno, pois ambos compartilham a mesma visão do homem como ser espontâneo que, através dessa espontaneidade, cria inesgotavelmente.

Estas idéias nos vêm de encontros mantidos, no ano de 1969, com a pedagoga argentina Maria Alícia Romaña, pioneira no trabalho de aplicação das técnicas dramáticas na educação. Mais recentemente, em um dos nossos encontros, tivemos a oportunidade de conversar sobre as aplicações do jogo nas técnicas dramáticas de ensino e nos alegrou bastante a nossa comunhão de idéias. Embora trabalhando separadamente, sem um contato profissional mais permanente, nossos pensamentos se encontram. Conversamos sobre o quanto o jogo dramático pode auxiliar o educador, tanto diretamente na sala de aula, para a transmissão de um conceito, como para a criação de um clima emocional para se chegar a ele.

Como o psicodrama terapêutico, o psicodrama pedagógico utiliza cinco instrumentos e três etapas de dramatização.

Seus instrumentos são:

1. O protagonista: que é o próprio aluno.
2. O auditório: que é formado por todos os alunos que no momento não estão envolvidos diretamente na dramatização.
3. O diretor: que é o professor e, como tal, sua função é a mesma que a do diretor do psicodrama.
4. O ego-auxiliar: que poderá ser um professor auxiliar e que terá também a mesma função que o ego-auxiliar no psicodrama.
5. O cenário: que é o espaço na sala de aula onde se dará a dramatização. Este espaço poderá ser demarcado por um círculo de giz no chão, por exemplo.

Suas etapas são:

1. O aquecimento: que começa desde o primeiro contato do professor com os alunos. As primeiras conversas que mantém sobre o que irão fazer naquela aula, respondendo perguntas ou formulando-as aos alunos. Penso ser aí um grande momento para o jogo dramático ser utilizado. Ele poderá nos auxiliar na criação de um clima facilitador da aprendizagem.

Recentemente tivemos uma experiência em uma aula da Sociedade de Psicodrama de São Paulo. Era uma classe de alunos do segundo ano de formação. A matéria da aula era o papel do ego-auxiliar em psicodrama. Quando entrei na sala e me deparei com a classe, senti que teria de enfrentar um problema: como aquecer aquele grupo? Como prepará-lo? Estavam cansados, era tarde da noite e todos nós vínhamos de um dia de trabalho, estávamos todos cansados. Propus começarmos com um jogo, o que foi aceito pelo grupo. Pedi a eles que continuassem sentados como estavam, em círculo, que fechassem os olhos, dessem as mãos e procurassem sentir a energia fluindo por elas e pelos nossos braços, num crescendo de força e vigor e que deixassem, aos poucos, todo o corpo ser comandado por esta energia. O grupo foi, lentamente, desenvolvendo este trabalho até que começaram a se levantar e a estender os braços que subiam para o céu. Agora, de olhos abertos, em roda, nós nos "puxávamos" ora para um lado, ora para o outro e nos alegrávamos de toda nossa força e vigor. Daí pudemos trabalhar juntos em nossa aula.

2. A dramatização: é a ação dramática propriamente dita.
3. Os comentários: é a etapa em que os alunos e professores conversam sobre o trabalho realizado.

Vamos nos estender um pouco mais sobre a etapa de dramatização. Nela, Romaña dá, a meu ver, uma das suas grandes contribuições ao psicodrama pedagógico, numa tentativa muito feliz de sistematização. Classifica três níveis de dramatização:

1. O nível real
2. O nível simbólico
3. O nível de fantasia

1. *O nível real* é aquele em que os alunos dramatizam colocando o que sabem sobre o tema ou o assunto que está sendo enfocado. Aí temos um momento em que o jogo dramático pode ser amplamente utilizado. Tomemos por exemplo uma aula em que queríamos ensinar aos alunos as partes de uma folha. Propusemos um jogo: os alunos deveriam montar uma cena que ocorria em uma fazenda. Cada um assumiu um papel de um lavrador que vai à colheita. Montam, antes, a casa da fazenda e o local das plantações, atendo-se, principalmente, a uma montagem mais minuciosa das plantas, pés de alface, de couve, de repolho, etc. (no que foi utilizado o material disponível na sala: cartolina, papéis, jornais amassados). A seguir, todos vão ao campo e colhem em suas cestas, vários pés de verduras para o almoço. Voltam à casa, lavam cuidadosamente as folhas, observando-as bem e depois de cozinhá-las, almoçam. A seguir, passamos para um segundo nível de dramatização:

2. *O nível simbólico*. Este se dá quando um dos alunos monta estaticamente a imagem de uma folha. Ajudado por seus colegas, todos, com seu próprio corpo, iam fazendo as partes da folha e as iam

identificando. Aí temos uma representação em nível simbólico de dramatização e não um jogo dramático.

A seguir, passamos para o terceiro nível de dramatização:

3. *O nível da fantasia.* Quando um dos alunos sugeriu que fizéssemos todos juntos uma folha gigante. Aí teremos novamente o jogo dramático, que nos permite criar usando toda a nossa imaginação, em uma situação totalmente irreal. Fizemos, então, com nossos corpos, uma imensa folha que se movia com o vento.

Destacamos, então, dois momentos do uso do jogo: em nível real e em nível de fantasia. Voltamos, então, ao conceito de jogo já colocado no início deste livro: toda a atividade que propicie ao indivíduo expressar livremente as criações de seu mundo interno, realizando-se na forma de representação de um papel, pela produção mental de uma fantasia ou por uma determinada atividade corporal, é um jogo dramático. Sendo assim, no exemplo acima citado, em vários momentos jogamos e desempenhamos papéis a partir de uma criação de nosso mundo interno, produzimos com nossa fantasia e a expressamos com nosso corpo.

O elemento lúdico fica, então, como elemento essencial a todo processo de aprendizado. O jogo propicia o aquecimento para o aparecimento do processo espontaneidade — criatividade — aprendizagem.

Capítulo XI

Vivência de jogos dramáticos no Primeiro Congresso Brasileiro de Psicodrama (Serra Negra, São Paulo —1978)

No Primeiro Congresso Brasileiro de Psicodrama, realizado em Serra Negra, nos dias 24 a 28 de maio de 1978, coordenei uma vivência de jogos dramáticos, com a participação de trinta e cinco pessoas, entre psicólogos, psiquiatras e educadores.

Quando entrei na sala havia ainda poucas pessoas e observei uma disposição de cadeiras, em semicírculo, feita, provavelmente, para alguma mesa-redonda ou reunião anterior. Minha primeira idéia foi a de desmanchar aquela disposição, pois dava um ar muito formal, muito austero. Depois, achei melhor deixar como estava e esperar para ver o que iria acontecer quando as pessoas entrassem na sala. Se elas quisessem, elas mesmas acabariam retirando as cadeiras. Fiquei perto da porta e as pessoas começaram a entrar, em grupos ou sozinhas e algumas sentavam-se no chão, encostadas à parede, outras nas cadeiras, formando no conjunto um círculo, onde eu sentia pessoas bem acomodadas, à vontade, e outra rígidas e formalmente sentadas.

Eu estava muio ansiosa, para dizer a verdade, preocupada em ver e sentir o que eu iria fazer, o que iria acontecer. Não havia preparado nenhum jogo. Tinha as minhas idéias, o que eu penso sobre jogos dramáticos, mas não tinha nada pronto, não estava sabendo o que iria fazer. Achei que tinha que ir desse jeito, sentir o grupo no momento, e ver qual o jogo ou jogos seriam mais adequados à situação.

Comecei, então, a me apresentar, a conversar com o pessoal e senti necessidade de fazer isto andando no meio deles. Como não estava cômodo para mim, eu não estava bem naquela sala e não havia encontrado o meu lugar, eu estava tentando achá-lo e procurava esse lugar à medida que me locomovia. Senti que isso também poderia estar acontecendo com as pessoas. Então, pedi a elas que prestassem atenção se estavam sentadas da forma mais agradável, mais cômoda, senão, que mudassem de posição, que arrumassem a sala, cada um escolhendo um lugar gostoso para ficar. Que se acomodassem como quisessem, da forma mais agradável possível.

Depois que todos haviam escolhido seu lugar para ficar, pensei que uma boa forma da dar continuidade ao trabalho, que de certa forma já havíamos começado, seria introduzir um jogo de relaxamento. Pedi a todos que fechassem os olhos, prestassem atenção ao seu corpo, como estava naquele momento o ritmo respiratório e comecei a introduzir o jogo "Bola no painel".

Depois de realizado este jogo, pedi a eles que se ativessem a uma parte do corpo, no caso as mãos. Aí a minha intenção era propiciar algum contato em nível corporal entre as pessoas do grupo. Havia pessoas que se conheciam, mas algumas nem sabiam quem estava a seu lado naquele momento, e achei importante estabelecer algum vínculo entre eles. Fiz, então o jogo de "Pesquisa das próprias mãos". Em seguida, cada um deveria se comunicar com seu companheiro da direita, através das mãos, transmitindo emoções, sentindo coisas, captando mensagens que lhe estivessem sendo transmitidas por seu parceiro. Aconteceu aí um fato interessante: um par (um casal) que estava jogando com as mãos, sentados de frente um para o outro, começou a se levantar e ampliar os seus movimentos para outras partes do corpo, em movimentos de expansão. Exploravam o espaço... parecia uma dança. Neste momento, os outros já haviam terminado o jogo de exploração e comunicação com as mãos e observavam o casal. Aí pensei que, se pudesse utilizar este casal como estímulo para o grupo, poderia introduzir um novo jogo de exploração do espaço — o jogo de "Expansão-contração". Fui, então, até este casal e perguntei se eles se importariam de continuar com a atividade, com o jogo que estavam fazendo e também de servirem como estímulo para que eu introduzisse um novo jogo para o grupo todo, a partir deles. Eles consentiram e continuaram a jogar. Pedi, então, que o grupo observasse o casal em movimento e dissessem em voz alta o que lhes viesse à cabeça no momento. Alguns se manifestaram dizendo: "dois pássaros"... "uma pipa"... "uma árvore em movimento com o vento"... "uma estrela no céu"... "um avião". Disse-lhes então, que aqueles que sentissem também vontade de se movimentar, com movimentos amplos, expandindo o corpo, que o fizessem. Alguns foram e outros permaneceram sentados. Dirigi-me aos que ficaram e pedi que se encolhessem ao máximo com o corpo, a fim de ocupar o menor espaço possível, e ficassem assim, até o momento em que sentissem vontade de esticar o corpo e daí que passassem a se movimentar amplamente, como os outros já estavam fazendo. Os que se cansassem deveriam se encolher até sentirem vontade de se movimentar e, assim, continuamente, até que chegou um momento em que todos se movimentavam. Era como uma dança, em que todo o grupo participava. Estavam todos alegres e dançávamos todos ao som de uma música que não ouvíamos, mas que estava dentro de nós. Todos se lançavam no espaço.

Aos poucos, o grupo se cansava e eu disse a eles que poderiam se deitar no chão e relaxar, descansar. Depois de algum tempo, quando senti todos mais tranqüilos e relaxados, introduzi o jogo "Bom-dia".

Sentamo-nos, então, em círculo, para conversar e trocarmos nossas experiências sobre o que havia acontecido até o momento. Conversamos também sobre o que todos nós pensamos sobre jogos dramáticos e sobre os jogos que havíamos feito: de relaxamento, de fantasia, de sensibilização e de pesquisa de espaço.

Depois desta conversa, um dos participantes do grupo pediu que fizéssemos outro jogo, o que foi aceito de imediato por todos, que começaram a dar sugestões: um jogo que propiciasse aumentar o relacionamento entre eles, que os levasse a uma maior aproximação. Neste momento, um deles sugeriu que todos juntos construíssem uma cidade. Cada um escolheria um objeto de uso pessoal e, no centro da sala, trabalhariam juntos na construção. A idéia foi aceita por todos e começamos o trabalho. Estávamos todos muito empenhados. A cidade ficou pronta e nós a admiramos com muito carinho, durante um bom tempo. Conversamos sobre como ela era e, à medida que isto era feito, praticamente "víamos" aquela cidade, suas ruas, suas casas, seus habitantes. Ela tinha vida em cada um de nós.

Ficamos, depois, um bom tempo calados, sentados à sua volta, admirando-a. Estávamos naquele momento muito unidos, muito próximos um do outro. O tempo de que dispúnhamos (três horas) estava terminado e deveríamos em poucos minutos desocupar a sala, para que nela se realizasse outra atividade do Congresso.

Surgiu um problema: desmanchar a nossa cidade. Estávamos sem coragem. Ela havia se tornado muito importante para nós. Qual seria a melhor forma de fazê-lo? Um dos participantes sugeriu que cada um escolhesse um objeto que não fosse o próprio e procurasse o seu dono, aproveitando a ocasião para dizer-lhe alguma coisa, uma palavra, uma mensagem. E assim fizemos. Terminamos felizes, emocionados. Para mim foi uma experiência muito rica, um encontro gratificante. Estava, como todos, muito emocionada.

Esta vivência deu-me a certeza, mais uma vez, de que eu não deveria nunca mesmo ir com um jogo pronto, preparado, escolhido de antemão. Teria de sentir o momento do grupo e criar, no momento, o jogo possivelmente mais adequado à situação.

A maior riqueza deste trabalho reside, a meu ver, no fato de o jogo ter facilitado e propiciado um maior relacionamento para o grupo.

O JOGO DA VIDA

Tensão   Alegria

        tecem   arco-íris

        desfilam   fantasias

        reúnem   com   medos

Contidos   Josés   e   Marias

        Jogando   no   Tempo

                no   Espaço

                na   Rua

                na   Praça

                O   Coreto

        Marcando   Estações

                Meses

                Luas

                Textos

                Contextos

        Trocando   Palavras

        Abrindo   Cortinas

De   nuvens   de   chuvas   de   sóis

Inúmeras   *sensações*

Infinitas   *emoções*

infantil   *sabedoria*

No jogo do Piso

contraem   *expandem*

Magia do andar

Criar percorrendo no espaço a fantasia

de Josés e Marias

No coro de nomes

Buscando harmonia de sons e de cores

Sem tensão com alegria

da dor escondida

do peito a cantar

Magia de sons

Encontram harmonia

Solfejam melodias

Josés e Marias

a orquestra a tocar

Se fecham cortinas

Se abrem bons-dias

Vivas   alegrias

de   meses   de   luas

de   cores   de   nuvens

de   chuvas   de   sóis

Josés   e   Marias

Marcando   Estações

Memórias

Ações

Surgem   no   tempo   no   espaço

na   rua   na   praça

O   coreto   da   Vida

Os   palhaços   espontâneos

No   mundo   a   criar!

"La naturaleza (...) nos avisa por um signo preciso que nuestro destino ha sido alcanzado. Este signo es la alegria (...) La alegria anuncia siempre que la vida ha triunfado, que ha gañado terreno, que ha conseguido una victória: toda gran alegria tiene un acento triunfal."

Bergson

Bibliografia

ABERASTURY, Arminda. *A criança e seus jogos*. Petrópolis, Vozes, 1971.

BALLY, Gustav. *El juego como expresión de libertad*. Buenos Aires, Fondo de Cultura Economica, 2ª edição, 1964.

BERMÚDEZ, Jaime G. Rojas. *Introdução ao Psicodrama*. São Paulo, Mestre Jou, 1970.

BUSTOS, Dalmiro M. *Psicoterapía Psicodramática*. Buenos Aires, Paidós, 1975.

El Psicodrama. Aplicaciones de la técnica psicodramática. Buenos Aires, Editorial Plus Ultra, 1974.

FONSECA Fº, José de Souza. *Psicodrama da loucura*. São Paulo, Ágora, 1980.

GUNTHER, Bernard. *Sensibilidade e Relaxamento*. Trad. Prof. Sandor Pétho. São Paulo, Brasiliense, 1974.

HUIZINGA, Johan. *Homo Ludens*. São Paulo, Perspectiva, 1971.

KAUFMAN, Artur. *O jogo em psicoterapia individual*. Trabalho apresentado no I Congresso Brasileiro do Psicodrama, Serra Negra, São Paulo, 24 a 28 de maio de 1978.

MIRANDA, Nicanor. *200 jogos infantis*. São Paulo, Martins, 1966.

MORENO, Jacob Levy. *Psicodrama*. Buenos Aires, Hormé Paidós, 1961.

ROMAÑA, Maria Alicia. Las dramatizaciones como recurso didático. *Cadernos de Psicoterapia.* Ediciones Genitor, Vol III n? 1, abril, 1968.

STOKOE, Patricia. *La expresión corporal y el niño.* Buenos Aires, Ricordi Americana, 1976.